D1726863

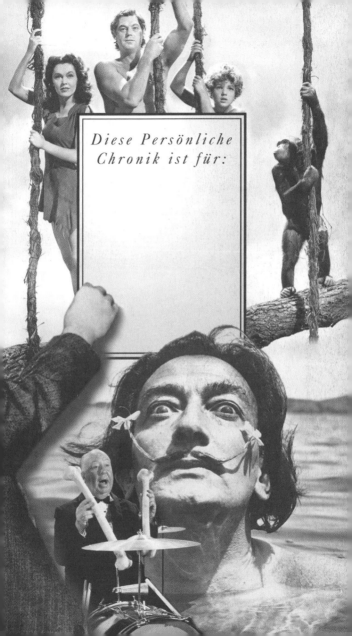

Diese Persönliche Chronik ist für:

Das Buch vom

3.

MAI

Ein ganz besonderer Tag

... ein ganz besonderer Tag

Der Mai ist der fünfte Monat des Julianischen Kalenders. Er ist auch als Wonnemond bekannt. Seinen Namen verdankt er dem altitalischen Gott Maius, dem Beschützer des Wachstums. In Westeuropa wird seit dem 13. Jahrhundert mit dem Mai der Frühling begrüßt. Dies wird in Form von Maifeiern und Maigängen getan. Die immerwährenden Kalender verzeichnen für den 3. Mai u.a. die Namenspatrone Philipp und Jakob.

Der 3. Mai war schon immer ein Tag großer historischer Ereignisse und der Geburtstag wichtiger Persönlichkeiten:

1469 begann mit der Wahl des ungarischen Königs Matthias I. Corvinus zum Gegenkönig von Böhmen der zweite Hussitenkrieg, in dem die Böhmen für die Freiheit ihrer Glaubensprinzipien stritten.

1660 beendete der Friede von Oliva zwischen Schweden sowie Polen, Brandenburg und Österreich den ersten Nordischen Krieg.

1791 gaben sich die Polen die erste geschriebene Verfassung Europas.

Der Profiboxer Sugar Ray Robinson wurde am 3. Mai 1920 geboren, der Medienmanager Helmut Thoma kam am 3. Mai 1939 zur Welt.

Im Zeichen des Stieres
21. April bis 20. Mai

Der 3. Mai ist der dritte Tag der zweiten Stier-Dekade. Das Sternzeichen des Stier (Taurus) gehört zu den Tierkreiszeichen, denen in der Astrologie besondere Eigenschaften zugewiesen werden. Es wird dem Planeten Venus zugeordnet und in der Legende mit dem griechischen Götterkönig Zeus in Verbindung gebracht Auch gehört der Stier zu den sog. Erdzeichen.

Menschen, die unter dem Sternzeichen des Stier geboren werden, gelten als praktisch veranlagt, aber niemals zu pingelig. Ihnen wird nachgesagt, Ausdauer, Geduld und einen soliden Lebensstil mit der Neigung zu Schönheit und Harmonie zu verbinden. Stier-Geborene gelten als zuverlässig, doch Hast und Eile beim Überlegen sind ihnen fremd. In ihren Reihen finden sich viele Herrscher, Industrielle und Politiker, aber auch Künstler und Sportler. Der russische Revolutionär Wladimir Iljitsch Lenin, die britische Königin Elisabeth II. und der Zeitungskönig Axel Springer sind ebenso im Zeichen des Stieres geboren wie Fred Astaire, Salvador Dalí und der Fußballer Max Morlock. Die größte Gefahr für den Stier ist die Neigung, die eigene Meinung stets durchsetzen zu wollen. Eine gute Portion Jähzorn und ein Hang zur Kleinlichkeit können alle Erfolge zunichtemachen.

1900–1909

Highlights des Jahrzehnts

.... *1900* ....

Weltausstellung in Paris
Niederschlagung des Boxeraufstandes in China
Uraufführung der Oper »Tosca« von Giacomo Puccini in Rom
Probefahrt des ersten Zeppelins »LZ 1«

.... *1901* ....

Die britische Königin Victoria stirbt
Erste Nobelpreise verliehen
Thomas Mann veröffentlicht die »Buddenbrooks«
Mordattentat auf US-Präsident McKinley, Theodore Roosevelt wird Nachfolger

.... *1902* ....

Beendigung des Burenkrieges in Südafrika
Krönung Eduards VII. zum König von Großbritannien
Inbetriebnahme der Transsibirischen Eisenbahn
Kunstströmung »Jugendstil« auf dem Höhepunkt

.... *1903* ....

Serbischer König Alexander I. ermordet
Erste Tour de France
Erster Motorflug der Brüder Wright
Kampf der Suffragetten um das Frauenwahlrecht
Margarethe Steiff präsentiert den »Teddy-Bären«

.... *1904* ....

Hereroaufstand in Deutsch-Südwestafrika
Beginn des Russisch-Japanischen Krieges

- Arthur Korn gelingt die erste Bildtelegraphie

.... *1905* ....

- Petersburger »Blutsonntag«
- Tangerbesuch Wilhelms II. führt zur Ersten Marokkokrise
- Albert Einstein entwickelt »Spezielle Relativitätstheorie«
- Künstlergemeinschaft »Die Brücke« wird gegründet

.... *1906* ....

- Revolutionäre Unruhen und erstes Parlament in Rußland
- Roald Amundsen duchfährt die Nordwestpassage
- Dreyfus-Affäre beigelegt
- Erdbeben verwüstet San Francisco

.... *1907* ....

- Pablo Picasso malt »Les Demoiselles d'Avignon« und begründet den Kubismus
- Erste Farbfotografien von Louis Jean Lumière

.... *1908* ....

- Ford baut Modell T (»Tin Lizzy«)
- Österreich-Ungarn annektiert Bosnien und Herzegowina
- Durchbruch der olympischen Idee bei Spielen in London
- 30 000 Jahre alte Statuette (Venus von Willendorf) gefunden

.... *1909* ....

- Robert E. Peary erreicht als erster Mensch den Nordpol
- Louis Blériot überfliegt den Ärmelkanal
- Unruhen in Persien: Schah Mohammed Ali dankt ab

Auf der Jagd nach Reichtum und Glück: Goldsucher in Alaska (1901)

1900

 Politik

Das US-Repräsentantenhaus in Washington beschließt ein Gesetz, nach dem den USA der Schutz des Nicaragua-Kanals übertragen wird. Das Projekt zum Bau eines interozeanischen Kanals durch die Nicaraguasenke wurde seit Ende des 19. Jahrhunderts von beiden Staaten betrieben.

 Politik

Frankreich schickt eine Expedition zu den Tuat-Oasen in Marokko. Dies weckt den Argwohn der Briten, die eine Annexion Marokkos durch Frankreich befürchten.

 Gesellschaft

400 000 Mark für die notleidenden Menschen in Indien schickt der deutsche Kaiser Wilhelm II. dem britischen Vizekönig von Indien, Gilbert John Murray Kynymmond Elliot, Graf von Minto, nach Kalkutta. Das Geld war Ende April in Berliner Finanzkreisen gesammelt worden.

 Wetter

Das Wetter im Mai 1900 ist etwas zu kalt. Die Durchschnittstemperaturen liegen mit 12,9 °C deutlich unter dem langjährigen Mittel (13,7 °C).

1901

Freitag 3. Mai

Politik

Überraschend beendet der preußische Landtag die diesjährigen Sitzungen. In einer von Ministerpräsident Bernhard von Bülow verlesenen königlichen Botschaft heißt es, nach Ansicht der Staatsregierung bestehe keine Aussicht auf Verständigung in der Kanalvorlage. Seit 1899 wird in Preußen um den Bau des Mittellandkanals gestritten: Die Konservativen befürchten dadurch eine Beeinträchtigung der ostdeutschen Landwirtschaft durch billige Transporte der Getreideimporte. Erst im Februar 1905 wird der Kanalbau vom Rhein bis Hannover genehmigt.

**Stars der Jahre
1900–1909**

Isadora Duncan
Tänzerin
Gustav Mahler
Komponist /Dirigent
Anna Pawlowa
Tänzerin
Sarah Bernhardt
Schauspielerin
Orville /Wilbur Wright
Flieger

Gesellschaft

Ein Großfeuer zerstört 2300 Gebäude in Jacksonville im US-Bundesstaat Florida. In den dichtbebauten Großstädten der USA kommt es wiederholt zu schweren Brandkatastrophen mit vielen Toten.

Wetter

Ungewöhnlich warm ist es im Mai 1901. Die durchschnittliche Temperatur liegt mit 15,0 °C deutlich über dem langfristigen Mittel (13,7 °C).

1902

 Politik

Die Kosten für den Burenkrieg in Südafrika belaufen sich nach einer im Unterhaus in London vorgelegten Rechnung seit Beginn der Kämpfe im Oktober 1899 bis zum 31. März 1902 auf etwa 230 Mio. Pfund (4,6 Mrd. Mark). Erst am 31. Mai 1902 kommt es zum Frieden von Vereeniging, der die Burenrepubliken zu britischen Kronkolonien macht.

 Politik

Das deutsche Königreich Sachsen-Coburg und Gotha feiert das 50jährige Bestehen der Verfassung.

 Kultur

Vorrangig Werke konservativer Maler sind in der an diesem Tag eröffneten Großen Berliner Kunstausstellung zu sehen. Die nur in einem Saal ausgestellten Werke einstiger Sympathisanten der Sezession lehnt Kaiser Wilhelm II. ab. Er betont, daß Künstler, die sich seiner Aufträge erfreuen, sich von dieser Vereinigung fernhalten sollten.

 Wetter

Den Regenschirm braucht man häufiger im Mai 1902, der Niederschlag liegt mit 61,1 mm deutlich über dem langjährigen Mittel (46 mm).

1903

Politik

Die Nationalliberale Partei veröffentlicht ihren Aufruf zu den am 16. Juni bevorstehenden Reichstagswahlen. Darin distanziert sie sich mit aller Deutlichkeit von sozialdemokratischem Gedankengut. Zwar gewinnen die Rechtsliberalen bei den Wahlen Stimmen hinzu, doch die Sozialdemokraten werden mit 81 Sitzen zweitstärkste Kraft im deutschen Reichstag nach der katholischen Zentrumspartei.

Gesellschaft

Nach drei Tagen enden die Einweihungsfeierlichkeiten des Weltausstellungsgeländes in St. Louis (US-Bundesstaat Louisiana). Die große internationale Show wird hier vom 1. Juli bis 23. November 1904 stattfinden. Im Rahmen der großen Schau lädt die Stadt auch zu den III. Olympischen Spielen ein, die allerdings im Trubel der Weltausstellung völlig untergehen und vorsorglich von den Veranstaltern auch nicht als »olympisch« bezeichnet wurden.

Wetter

Das Wetter im Mai 1903 ist für Ausflüge gut geeignet. Die mittlere Lufttemperatur liegt mit 14,9 °C deutlich über dem langjährigen Mittelwert von 13,7 °C.

Dienstag 3. Mai

»Linie ohne Bauch«:
Das Korsett, ein
modisches Muß für
die elegante Frau

 Kultur

Mit einer Verspätung von zehn Jahren hat in Wien das sozialkritische Theaterstück »Die Weber« von Gerhart Hauptmann Premiere. Die österreichische Theaterzensur hatte die Aufführung bislang nicht erlaubt. Das naturalistische Schauspiel über den schlesischen Weberaufstand des Jahres 1844 kam am 25. September 1894 in Berlin erstmals im Deutschen Theater auf die Bretter und hatte prompt ein Nachspiel: Nachdem zunächst die Polizei die Aufführung zu verbieten suchte, ließ Kaiser Wilhelm II. die Hofloge im Deutschen Theater wegen der »demoralisierenden Tendenz« des Stückes kündigen.

 Kultur

Max Liebermann eröffnet die Kunstausstellung der Berliner Sezession. Die Vereinigung entstand 1899, sie gilt als Repräsentant der Moderne und erfährt Kritik von der konservativen Malschule.

 Wetter

Im Mai 1904 liegen die Temperaturen im Durchschnitt mit 13,6 °C kaum unter dem Mittel (13,7 °C).

1905

Mittwoch 3. Mai

In Moskau tagt der erste Kongreß des Allrussischen Eisenbahnerverbandes. Er spielt eine wichtige Rolle in der Streikbewegung, die seit der Niederlage im Krieg gegen Japan Rußland erschüttert.

Der Nationalitätenkonflikt in Makedonien führt zu einer Bluttat: Bulgarische Nationalisten überfallen den walachisch-griechischen Ort Kliszura und ermorden fast 60 Griechen. Seit Ende des 19. Jahrhunderts streiten sich Bulgaren, Griechen und Serben um Makedonien, das zum Osmanischen Reich gehört.

Bei einem Kutscherstreik in Chicago kommt es zu blutigen Kämpfen zwischen Streikenden und Arbeitswilligen. Während der Unruhen werden 3000 neue Polizisten eingestellt.

Wetter

Trocken ist es im Mai 1905, die Niederschläge liegen mit 23 mm unter dem Mittel (46 mm).

Gute Figur in Sakkoanzug und Wettermantel: Die Mode für den Herrn

1906

 Kultur

Neuigkeiten aus der Welt der Kultur bringt in Kurzform die deutsche Zeitschrift »Die Woche«. Über die Abschiedstournee der Schauspielerin Sarah Bernhardt in den Vereinigten Staaten heißt es zur Erheiterung der Leser: »Sarah Bernhardt gibt in Amerika Gastrollen und zwar in einem Zirkuszelt. Die Stadt, wo die erste Vorstellung stattfand, liegt in Texas und führt den lustigen Namen Dallas.« Die französische Schauspielerin wurde bekannt durch ihre Rollen in klassischen Tragödien.

**Rekorde
1900–1909**

400 m: Maxey Long
(USA) – 47,8 sec (1900)
Weitsprung:
Peter O' Connor (IRL)
– 7,61 m (1901)
Stabhochsprung:
Walter Dray (USA)
– 3,90 m (1908)
Kugelstoßen: R. Rose
(USA) – 15,56 m (1909)

 Politik

Das preußische Abgeordnetenhaus in Berlin verabschiedet eine Wahlrechtsnovelle, durch die die Zahl der Abgeordneten um zehn auf 443 erhöht wird. Berlin erhält zwölf statt neun Wahlbezirke, der Wahlkreis Arnsberg sechs statt drei.

Wetter

Im Mai 1906 liegen die Temperaturen im Durchschnitt mit 16,0 °C deutlich über dem langjährigen Mittel (13,7 °C).

1907

Freitag 3. Mai

Politik

Im deutschen Reichstag setzt der konservativ-liberale Block von Reichskanzler Bernhard Fürst von Bülow die Errichtung eines Kolonialministeriums durch. Zum Kolonialminister wird Bernhard Dernburg berufen, der bis dahin Direktor der Kolonialabteilung des Auswärtigen Amtes war.

Politik

Die Verordnung über die Feldgerichte wird in Rußland außer Kraft gesetzt. Dadurch konnten seit August 1906 bei revolutionären Unruhen Urteile ohne Verhandlung gefällt und sofort vollzogen werden. Die politisch motivierten Streiks im Zusammenhang mit dem erfolglosen Krieg gegen Japan sind abgeflaut.

Gesellschaft

Bei Boulogne-sur-Mer sinkt der französische Dampfer »Laure« mit 72 Menschen an Bord. Jede Hilfe kommt vergeblich.

Wetter

Warm und trocken ist das Wetter im Mai 1907. Die mittlere Lufttemperatur liegt mit 15,0 °C deutlich über dem langjährigen Mittel (13,7 °C).

1908

Sonntag 3. Mai

Eine Protestversammlung des Goethe-Bundes findet in Berlin statt, auf der die behördliche Einschränkung der geistigen Freiheit in Preußen angeprangert wird. Der Goethe-Bund ist 1900 im Kampf gegen die sog. Lex Heinze gegründet worden. Das Gesetz erweiterte die Strafvorschriften über Sittlichkeitsverbrechen. Der Goethe-Bund erreichte seinerzeit, daß der sog. Kunst- und Theaterparagraph dieses Gesetzes, der sich gegen »unsittliche«« Kunst wendete, wesentlich eingeschränkt wurde.

Preise in den Jahren 1900–1909

1 kg Butter	2,46
1 kg Mehl	0,35
1 kg Fleisch	1,55
1 Ei	1,05
1 l Vollmilch	1,00
10 kg Kartoffeln	0,65

in Mark, Stand 1905

 Politik

Die französische Journalistin Jeanne Laloë gibt in Paris ihre Kandidatur für die Gemeinderatswahlen bekannt. Sie macht damit die Öffentlichkeit auf die Tatsache aufmerksam, daß die Frauen in Frankreich kein Wahlrecht haben. Sie erhalten es erst 1944.

 Wetter

Die mittlere Temperatur überschreitet im Mai 1908 mit 14,7 °C das langjährige Mittel (13,7 °C).

1909

Montag 3. Mai

Politik

Der Deutsche Flottenverein wählt im Berliner Reichstagsgebäude als Nachfolger von Fürst Otto zu Salm-Horstmar den Großadmiral Hans von Köster zum Präsidenten der Organisation. Für den Bau einer Wetterwarte in Tsingtao (China) stiftet der Flottenverein 175 000 Mark. Der eisfreie Tiefwasserhafen Tsingtao ist seit 1898 Hauptort des deutschen Pachtgebiets Kiautschou. Er wird 1914 von den Japanern erobert.

Politik

Aus den Präsidentschaftswahlen in Bolivien geht der liberale Kandidat Heliodoro Villazón als Sieger hervor. Er löst Ismael Montes ab, der das Präsidentenamt seit 1904 innehatte.

Gesellschaft

Der Reichsverband Deutscher Ärzte wird in Berlin gegründet. Er fordert freie Vereinbarungen mit den Krankenkassen über die Höhe der Honorare.

Wetter

Für die Jahreszeit zu kalt ist es im Mai 1909. Die Lufttemperaturen liegen mit 12,0 °C im Durchschnitt deutlich unter dem Mittel (13,7 °C).

1910–1919

Highlights des Jahrzehnts

1910

Georg V. wird nach dem Tod Eduards VII. britischer König

Der Halleysche Komet passiert die Erde

Bürgerliche Revolution beendet Monarchie in Portugal

Wassily Kandinsky begründet die abstrakte Malerei

Sieg des Schwarzen Jack Johnson bei Box-WM

1911

Bürgerkrieg in Mexiko

»Panthersprung nach Agadir« löst Zweite Marokkokrise aus

Militärputsch leitet chinesische Revolution ein

Roald Amundsen gewinnt den Wettlauf zum Südpol

1912

Erster Balkankrieg

Woodrow Wilson wird 28. US-Präsident

Untergang der »Titanic«

Büste der ägyptischen Königin Nofretete gefunden

1913

Zweiter Balkankrieg

Niels Bohr entwirft neues Atommodell

Größter Bahnhof der Welt (Grand Central Station) in New York eingeweiht

1914

Österreichs Thronfolger in Sarajevo ermordet

Ausbruch des Ersten Weltkrieges

Eröffnung des Panamakanals

1915

- Stellungskrieg im Westen
- Beginn der Ostoffensive
- Charlie Chaplin wird mit »Der Tramp« Star des US-Kinos
- Versenkung der »Lusitania« durch ein deutsches U-Boot

1916

- Schlacht um Verdun
- Osteraufstand in Irland niedergeschlagen
- Seeschlacht vor dem Skagerrak
- Der österreichische Kaiser Franz Joseph I. stirbt
- Rasputin ermordet

1917

- Beginn des uneingeschränkten U-Boot-Krieges
- Zar Nikolaus II. dankt ab
- Oktoberrevolution in Rußland

1918

- US-Präsident Wilson verkündet 14-Punkte-Programm zur Beendigung des Krieges
- Russische Zarenfamilie ermordet
- Waffenstillstand von Compiègne beendet Ersten Weltkrieg
- Novemberrevolution: Kaiser Wilhelm II. dankt ab, Philipp Scheidemann ruft die deutsche Republik aus

1919

- Spartakusaufstand niedergeschlagen
- Rosa Luxemburg und Karl Liebknecht ermordet
- Friedrich Ebert erster Reichspräsident
- Versailler Vertrag

Im Kampf gegen widrige Verhältnisse: Charlie Chaplin als »Tramp« (1915)

1910

Dienstag 3. Mai

 Politik

In Japan wird die Mobilmachung der Armee zur Annexion Koreas befohlen. Schon während des russisch-japanischen Krieges 1904/05 hatten die Japaner das Land besetzt. Am 22. August wird Kaiser Sunjong zur Abdankung gezwungen und Korea unter der Bezeichnung Chosen zum japanischen Generalgouvernement erklärt.

 Sport

Vor 100 Jahren durchschwamm der britische Dichter Lord Byron die 1350 m langen Dardanellen zwischen Marmarameer und Ägäischem Meer in 70 min. Er wollte beweisen, daß der griechische Held Leander die Strecke zweimal nächtlich zurücklegen konnte, um seine geliebte Hero zu treffen.

 Sport

Die Turnvorschrift für das preußische Heer verlangt erstmals leichtathletische Übungen zur Wehrertüchtigung.

 Wetter

Das Wetter im Mai 1910 ist feucht: Die Niederschläge liegen mit 63 mm über dem langjährigen Mittel (46 mm).

1911

Gesellschaft

Der US-amerikanische Bankier John Pierpont Morgan Senior, der Gründer und Leiter des Bankhauses J. P. M. & Co. in New York und einer der reichsten Männer der USA, ersteigert bei einer Auktion in Leipzig für 102 000 Mark den lateinischen Brief des deutschen Reformators Martin Luthers an Kaiser Karl V. vom 28. April 1521. Es folgt eine großzügige Geste des amerikanischen Finanzmagnaten: Morgan schenkt den Brief Kaiser Wilhelm II., der ihn seinerseits dem Germanischen Nationalmuseum in Nürnberg überläßt.

Technik

Das norwegische Storting, das Parlament in Kristiania (Oslo), bewilligt die Gelder für die Errichtung drahtloser Telegrafenstationen auf der Insel Spitzbergen und in der Hafenstadt Hammerfest.

Wetter

Im Mai 1911 regnet es weniger als gewöhnlich, aber die durchschnittlichen Lufttemperaturen entsprechen mit 13,7 °C genau dem langjährigen Mittelwert.

Stars der Jahre 1910–1919

David Wark Griffith
Filmregisseur
Mary Pickford
Filmschauspielerin
Enrico Caruso
Sänger
Douglas Fairbanks
Filmschauspieler
Charlie Chaplin
Filmschauspieler

Freitag 3. Mai

 Gesellschaft

Die Berliner Presse berichtet, daß im Mai an der Berliner Charité ein Radium-Institut eingeweiht wird. Hauptziel ist die Krebsbekämpfung. Radium und Mesothorium, die bei der Strahlentherapie von Krebs eingesetzt werden, sind bereits im darauffolgenden Jahr umstritten. In der Medizin werden die von dem deutschen Physiker Wilhelm Conrad Röntgen 1895 entdeckten Röntgenstrahlen zur Diagnostik und Therapie eingesetzt.

Die Herrenkleidung wird sportlicher. Dazu gehört der weiche Hut

 Politik

Der ökonomische Nutzen der deutschen Kolonien entspricht nicht den Erwartungen. Nach Angaben der Reichsregierung hat sich der Handel mit den Kolonien gegenüber 1911 zwar verstärkt, doch zugleich stiegen die entsprechenden Zuschüsse des Deutschen Reiches.

Wetter

Etwas zu kühl ist es im Mai 1912. Die mittlere Lufttemperatur liegt mit 12,7 °C unter dem langjährigen Mittel (13,7 °C).

1913

Samstag 3. Mai

Politik

Per Kabinettsorder verfügt der deutsche Kaiser Wilhelm II., innerhalb der Militärluftfahrt eine Marineluftschiffabteilung mit Standort Johannisthal bei Berlin und eine Marinefliegerabteilung mit Standort Putzig einzurichten. Bei Ausbruch des Ersten Weltkrieges besitzt das Deutsche Reich 280 Flugzeuge, davon etwa die Hälfte unbewaffnete Eindecker vom Typ Etrich-Taube. Hinzu kommen zwölf Luftschiffe. Die Kriegsgegner im Westen, Großbritannien und Frankreich, verfügen zusammen über 340 Flugzeuge und immerhin 15 Luftschiffe.

Politik

In Bosnien und Herzegowina gilt der Ausnahmezustand, weil Montenegro die Stadt Skutari (heute Shkodër) besetzte. Unter dem Druck Österreich-Ungarns rücken die Montenegriner wieder ab.

Wetter

Im Mai 1913 ist es trockener und wärmer als gewöhnlich. Die mittlere Temperatur liegt mit 14,6 °C über dem langjährigen Mittel (13,7 °C).

Das praktische Sportkleid für die Jagd und für Bergtouren

Technik

Von Cuxhaven aus startet die auf der Hamburger Werft Blohm & Voß gebaute »Vaterland«, mit 54 282 Bruttoregistertonnen größtes Schiff der Welt, zu einer Probefahrt. Bei einer offiziellen Feier an Bord kommt es zum Eklat, als der deutsche Innenminister Clemens Delbrück kritisiert, daß bei den Feierlichkeiten keine Rede eines Regierungsvertreters vorgesehen sei. Die Hamburg-Amerika-Linie hat die »Vaterland« und die 1912 vom Stapel gelaufene »Imperator« sowie die »Bismarck« in Auftrag gegeben.

**Rekorde
1910–1919**

Schwimmen: H. Hebner (USA) – 1:20,8 min/ 100 m Rücken (1912)
100 m: Nina Popowa (RUS) – 13,1 sec (1913)
Hochsprung: C. Larson (USA) – 2,03 m (1917)
Speerwerfen: Jonni Myyrä (FIN) – 66,10 m (1919)

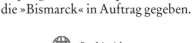 **Politik**

Nachdem alle sozialistischen Abgeordneten wegen Krawallszenen aus der russischen Staatsduma ausgeschlossen worden sind, billigt das Parlament eine Erhöhung des Militärbudgets um 5%. Drei Monate später beginnt der Erste Weltkrieg.

 Wetter

Etwas ungemütlich ist das Wetter im Mai 1914. Die durchschnittlichen Niederschläge liegen mit 88 mm weit über dem langjährigen Mittel (46 mm).

1915

Montag 3. Mai

Politik

Das seit 1882 mit den »Mittelmächten« Deutschland und Österreich-Ungarn verbündete Königreich Italien kündigt den sog. Dreibund. Zuvor hat Italien mit Großbritannien, Frankreich und Rußland in London vereinbart, daß den Italienern Südtirol bis zum Brenner sowie Istrien und Dalmatien zufällt, wenn sie innerhalb von vier Wochen an der Seite der Entente in den Krieg eintreten. Am 23. Mai erklärt Italien Österreich-Ungarn den Krieg.

Politik

Beim ersten Kampf zwischen einem Zeppelin und U-Booten in der Nordsee wird ein britisches U-Boot von einem deutschen Luftschiff versenkt.

Gesellschaft

Weil der Tagungsraum für die vielen um ihre Einlagen bangenden Frauen zu klein ist, muß die Generalversammlung der in wirtschaftliche Nöte geratenen Frauenbank in Berlin vertagt werden.

Wetter

Für die Jahreszeit etwas zu warm ist es im Mai 1915. Die mittlere Lufttemperatur liegt mit 14,5 °C deutlich über dem langjährigen Mittel (13,7 °C).

29

Mittwoch 3. Mai

 Politik

Mit Genehmigung des Generalgouverneurs Hans Hartwig von Beseler findet in dem von Deutschen besetzten Warschau eine große Kundgebung zum Gedenken an die Verabschiedung der polnischen Verfassung vom 3. Mai 1791 statt. Die Deutschen hoffen, mit solchen demonstrativen Bekundungen der polnischen Eigenstaatlichkeit die Polen als Bündnispartner zu gewinnen.

Weil wegen des Krieges ein Mangel an Schreibpapier herrscht, beschließt die Schulverwaltung von Köpenick, für die Dauer der Kämpfe wieder Kreide und Schiefertafeln in einigen Klassen als Schreibgerät einzuführen.

 Politik

Deutsche Marine-Luftschiffe greifen Ziele in Mittelengland und in Schottland an. Dabei wird »L 20« von der britischen Luftabwehr getroffen. Es stürzt in den Stavangerfjord.

 Politik

Die deutsche Regierung billigt den Vorschlag von Großbritannien zur Überführung britischer und deutscher Verwundeter in die Schweiz.

 Wetter

Die mittlere Temperatur liegt im Mai 1916 mit 14,4 °C über dem langjährigen Mittel (13,7 °C).

1917

Donnerstag **3.** *Mai*

Politik

Für die Ergreifung des Verfassers eines anonymen Flugblattes zur Arbeitsniederlegung am 1. Mai setzt die deutsche Reichsregierung 3000 Mark Belohnung aus. Im dritten Kriegsjahr wächst in der Arbeiterschaft die Bereitschaft zum Widerstand gegen die Kriegspolitik der Regierung.

Politik

Wegen der Ernährungslage wird im Deutschen Reich von nun an das Pflücken von Obstblütenzweigen mit Gefängnis bis zu einem Jahr und Geldstrafen bis zu 1500 Mark bestraft. Dies dient einer besseren Ernte.

Der Vorsitzende der britischen Versicherungsgesellschaften in London teilt mit, daß bis zum 1. Februar 1917 mehr als 370 000 Soldaten gefallen sind. Die Kämpfe kosten die britische Armee bis Kriegsende rd. 1 Mio. Menschenleben.

Gesellschaft

Wegen Handels mit illegal erworbenen Brotkarten wird in Kleve ein Bäckerehepaar zu sechs Monaten Zuchthaus verurteilt.

Wetter

Die mittlere Temperatur liegt im Mai 1917 mit 16,4 °C deutlich über dem Mittel (13,7 °C).

1918

Freitag 3. Mai

 Politik

16 indische Fürsten und etwa 100 Vertreter der englandfreundlichen britischen Parteien in Indien beschließen auf einer Konferenz in Delhi, auf britischen Wunsch die Anwerbung zusätzlicher Soldaten ebenso zu fördern wie den Aufbau von Munitionsfabriken.

 *Gesellschaft*

Vor der US-amerikanischen Küste bei Delaware kommt es zu einem Zusammenstoß zwischen einem US-amerikanischen Kreuzer und einem Handelsschiff. 74 Menschen ertrinken.

 *Gesellschaft*

Drei Jahre nach dem Kriegseintritt Italiens gegen die »Mittelmächte« Deutschland und Österreich-Ungarn enteignet die italienische Regierung den Besitz des deutschen Admirals Alfred von Tirpitz in Alghero auf Sardinien und in Nuova auf Sizilien. Tirpitz hatte die Ländereien 1870 erworben.

 Wetter

Das Wetter im Mai 1918 ist deutlich zu warm. Die Durchschnittstemperaturen liegen mit 15,3 °C um einiges über dem langjährigen Mittel (13,7 °C).

1919

Samstag 3. Mai

In Berlin konstituiert sich ein Arbeitsausschuß zur Neuordnung des gesamten Arbeiterrechts. Dieser Bereich der Gesetzgebung ist bisher vor allem von den Normen des Bürgerlichen Gesetzbuches bestimmt gewesen. Im Zusammenhang mit der Revolution von 1918 wurde eine Verordnung über die Gültigkeit von Tarifverträgen erlassen. Einen Meilenstein im Arbeitsrecht bilden 1927 die Gesetze über die Beschäftigung von Frauen vor und nach einer Geburt und das Gesetz über die Arbeitsvermittlung und Arbeitslosenversicherung.

Politik

Zu bewaffneten Auseinandersetzungen kommt es in Berlin, als die Polizei am Andreasplatz gegen den illegalen Straßenhandel und gegen die Schwarzhändler vorgeht.

Preise in den Jahren 1910–1919	
1 kg Butter	2,74
1 kg Mehl	1,90
1 kg Fleisch	3,00
1 Ei	0,13
1 l Vollmilch	0,25
10 kg Kartoffeln	3,30
Stundenlohn	0,66
in Mark, Stand 1913	

Wetter

Kühl, aber trocken, so lautet der Wetterbericht für den Mai 1919. Mit 12,1 °C liegen die durchschnittlichen Temperaturen deutlich unter dem langjährigen Mittel (13,7 °C).

1920–1929

Highlights des Jahrzehnts

- rohibition: Alkoholverbot in den
  USA
- NSDAP verabschiedet ihr Programm
- app-Putsch scheitert
- rstmals Salzburger Festspiele

1921

- lliierte besetzen das Rheinland
- itler wird NSDAP-Vorsitzender
- ormon Insulin entdeckt
- udolph Valentino wird Frauenidol
- ertrag von Sèvres bedeutet Ende
  es Osmanischen Reichs

1922

- ungersnot in Rußland
- Deutschlandlied« wird zur Natio-
  alhymne erklärt
- lussolinis Marsch auf Rom
- ründung der UdSSR
- rab des Tutanchamun entdeckt
- eutsch-russische Annäherung
  urch Vertrag von Rapallo
- ründung der BBC
- ohnny Weissmuller stellt über 100 m
  raul den ersten seiner 67 Weltre-
  orde auf (58,6 sec)

1923

- anzosen besetzen Ruhrgebiet
- tlers Putschversuch scheitert
- ährungsreform beendet Inflation
  n Deutschen Reich
- e Türkei wird Republik

1924

- stmals Olympische Winterspiele
- evolutionsführer Lenin stirbt
- awes-Plan lockert finanzielle
  wänge für Deutschland
- II.Olympische Spiele: Läufer Paavo
  urmi gewinnt 5 Goldmedaillen

1925

- Einparteiendiktatur in Italien
- Neugründung der NSDAP
- Hindenburg wird nach dem Tod
  Eberts Reichspräsident
- Europäische Entspannung durch
  Locarno-Pakt
- Joséphine Baker wird im Bananen-
  röckchen zum Weltstar

1926

- Japans Kaiser Hirohito besteigt den
  Thron
- Militärputsch Pilsudskis in Polen
- Walt Disneys Mickey Mouse erblickt
  das Licht der Welt
- Deutschland im Völkerbund

1927

- Stalin entmachtet politische Gegner
- Charles Lindbergh überfliegt den
  Atlantik
- Uraufführung des Films »Metropo-
  lis« von Fritz Lang

1928

- Briand-Kellogg-Pakt zur Kriegsäch-
  tung unterzeichnet
- Alexander Fleming entdeckt das
  Penicillin
- »Dreigroschenoper« von Brecht und
  Weill uraufgeführt
- Erste Transatlantik-Fluglinie

1929

- Youngplan regelt Reparationen
- »Schwarzer Freitag« in New York
  löst Weltwirtschaftskrise aus
- Erste Oscar-Verleihung in Hollywood
- Antikriegs-Roman »Im Westen
  nichts Neues« von Erich Maria
  Remarque

er Charleston erobert in den 20er Jahren weltweit die Tanzsäle

1920

Montag 3. Mai

Die Franzosen Bossoutrot und Bernard steigen mit ihrem Flugzeug bei Villesauvage zu einem Rekord im Distanzflug auf. Am nächsten Tag müssen sie nach 1915,2 km wieder landen. Vor 1914 lag der Rekord bei 1010,9 km.

Tiefe Taille und schmale Silhouette: Mode im Zeichen von Art déco

 Politik

Der konservative spanische Rechtsanwalt und Politiker Eduardo Dato Iradier wird zum dritten Mal zum spanischen Ministerpräsidenten ernannt. Dato Iradier übte dieses Amt bereits von 1913 bis 1915 sowie 1917 aus.

 Gesellschaft

Der Mehlpreis im Deutschen Reich steigt um 100% auf 204 Mark je Doppelzentner. In Berlin kostet ein Laib Brot 3,85 Mark statt 2,65 Mark.

Wetter

Für die Jahreszeit zu warm ist es im Mai 1920. Die mittlere Lufttemperatur liegt mit 15,0 °C deutlich über dem langjährigen Mittel (13,7 °C).

1921

Dienstag 3. Mai

Mit einem dritten Aufstand in Oberschlesien versuchen polnische Freischärler, das Land gänzlich in polnische Hand zu bringen. Zuvor hatte am 20. März eine Abstimmung über die Zugehörigkeit Oberschlesiens eine Mehrheit im Verhältnis von 6 : 4 für den Verbleib beim Deutschen Reich ergeben. In der Schlacht am Annaberg erleiden die polnischen Aufständischen am 24. Mai ihre entscheidende Niederlage gegen den deutschen Grenzschutz und deutsche Freikorpssoldaten. Dennoch fällt auf Beschluß der Siegermächte des Ersten Weltkriegs ein Viertel Oberschlesiens mit rd. 42% der Einwohner und 85% der Kohlevorräte an Polen.

Kultur

In Paris wird nach 1920 die zweite Ausstellung mit Collagen des deutschen Dadaisten Max Ernst eröffnet.

Wetter

Deutlich zu warm ist das Wetter im Mai 1921. Die mittlere Lufttemperatur übersteigt mit 15,4 °C deutlich den langjährigen Mittelwert (13,7 °C).

Vornehm und doch lässig: Burberry aus imprägniertem Baumwollstoff

1922

Mittwoch 3. Mai

 Politik

Die Beschlagnahmung von antisemitischen Flugblättern, die in vergangener Zeit immer häufiger Verbreitung gefunden haben, kündigt das preußische Innenministerium an. Daß die politische Rechte auch zum Mord bereit ist, zeigt sich am 24. Juni: Drei Angehörige der sog. Organisation Consul (OC) erschießen in Berlin den Reichsaußenminister und früheren AEG-Chef Walter Rathenau.

 Politik

Während der Sitzung des Berliner Abgeordnetenhauses kommt es auf der Straße vor dem Rathaus zu gewalttätigen Auseinandersetzungen zwischen Demonstranten und der Polizei. Die Kundgebung wendet sich gegen die immer schlechter werdenden sozialen Zustände.

 Kultur

Beim Fischer-Verlag erscheinen die Gedichte »Die heimliche Stadt« von Oskar Loerke.

 *Wetter*

Das Wetter im Mai 1922 ist nur ein wenig zu warm. Die mittlere Lufttemperatur liegt mit 14,2 °C kaum über dem langjährigen Mittel (13,7 °C).

1923

Donnerstag 3. Mai

In einem gemeinsamen Aufruf wenden sich die deutschen Parteien, Gewerkschaften, Wirtschaftsverbände und Frauenverbände entschieden gegen die französischen Bestrebungen, eine autonome Rheinische Republik zu errichten, da dies der »Loslösung vom Reich« gleichkomme.

Der erste Nonstopflug über den amerikanischen Kontinent ist gelungen. Es ist die Zeit der großen Langstreckenflüge: 1922 überquerten bereits zwei Portugiesen in Etappen den Südatlantik.

Die direkte Flugverbindung Berlin-London wird aufgenommen. Bisher flogen die deutschen und britischen Flugzeuge jeweils nur bis Amsterdam, wo die Passagiere umsteigen mußten. Der Flug dauert etwa neun Stunden. Im gleichen Jahr wird der Flugplatz Tempelhof in Betrieb genommen.

Warm anziehen heißt es im Mai 1923. Die mittlere Lufttemperatur liegt mit 12,0 °C deutlich unter dem langjährigen Mittel (13,7 °C).

1924

Samstag 3. Mai

 Politik

Schwere deutsch-sowjetische Spannungen sind die Folge einer polizeilichen Durchsuchung der sowjetischen Handelsvertretung in Berlin. Von deutscher Seite wird die Polizeiaktion und die damit verbundene Verletzung der Exterritorialität der sowjetischen Wirtschaftsmission mit der vermuteten Fluchthilfe für einen deutschen Untersuchungshäftling durch Angehörige der Vertretung gerechtfertigt. Erst im Juli 1924 werden die Auseinandersetzungen zwischen den beiden Staaten beigelegt.

Preise in den 20er Jahren

1 kg Butter	3,60
1 kg Mehl	0,50
1 kg Fleisch	2,50
1 Ei	0,20
10 kg Kartoffeln	0,80
Stundenlohn	0,93

in RM, Stand 1926
(ohne Inflationsjahre)

 Gesellschaft

Ein Schiedsspruch im Tarifkonflikt des Ruhrbergbaus sieht eine 15%ige Lohnerhöhung und die Verlängerung der seit Ende 1923 geltenden Mehrarbeit, der sog. achten Stunde, für die Arbei unter Tage vor.

 Wetter

Etwas zu warm ist es im Mai 1924. Die durchschnittlichen Temperaturen liegen mit 14,6 °C un einiges über dem langjährigen Mittel (13,7 °C).

1925

Sonntag 3. Mai

Bei den Landtagswahlen in Schaumburg-Lippe können die Sozialdemokraten ihre führende Rolle gegenüber den bürgerlichen Parteien behaupten. Der nur 340 km² kleine Staat mit seinen rd. 53 000 Einwohnern ist seit 1918 ein Freistaat und erhielt 1922 eine demokratische Verfassung. Ein Anschluß an Preußen wird 1926 abgelehnt.

Sport 🎾

Frankfurt 1880 schlägt bei dem in Frankfurt am Main stattfindenden Endspiel um die deutsche Rugby-Meisterschaft mit 33:13 die Mannschaft von Hannover-Linden.

Sport 🎾

Das Langstreckenrennen auf dem kurvenreichen »Madonie«-Straßenkurs auf Sizilien (fünf Runden à 108 km) um die Targa Florio gewinnt der Bugatti-Fahrer Bartolomeo Constantini vor dem Franzosen André Boillot auf Peugeot.

Wetter

Eine frühlingshafte Kleidung empfiehlt sich im Mai 1925. Die mittlere Temperatur liegt mit 15,9 °C deutlich über dem langjährigen Mittel (13,7 °C).

Montag 3. Mai

 Politik

Der Arbeitskampf im britischen Steinkohlebergbau weitet sich zu einem Generalstreik aus, an dem sich auch die Drucker, Transport-, Eisen- und Stahlarbeiter, die Bau-, Gas- und Elektrizitätsarbeiter beteiligen. Über 2 Mio. Arbeitnehmer sind im Ausstand. Er endet, nachdem die Regierung am 10. Mai Arbeitszeitverkürzungen für die Bergleute und höhere Löhne in Aussicht stellt.

 Kultur

Während einer Aufführung des Lustspiels »Der fröhliche Weinberg« des deutschen Schriftstellers Carl Zuckmayer in Halle kommt es zu einem Skandal: Angereiste Störer, die im ersten Akt ständig johlen, werden des Hauses verwiesen.

 Gesellschaft

In einigen preußischen Gefängnissen werden den Gefangenen bei guter Führung Milderungen im Strafvollzug zugesichert.

 Wetter

Trocken, aber deutlich zu kalt ist der Mai 1926. Die mittlere Lufttemperatur liegt mit 12,4 °C unter dem langjährigen Mittelwert (13,7 °C).

1927

Dienstag 3. Mai

In Brest läuft ein 10 000-Tonnen-Kreuzer vom Stapel. Damit ist das französische Marinebauprogramm, in dessen Rahmen auch drei 8000-Tonnen-Kreuzer gebaut worden sind, beendet.

Kultur

Die Filmgesellschaft Ufa ist fast pleite: Verbindlichkeiten von 63 Mio. Reichsmark stehen 500 000 Reichsmark an verfügbaren Mitteln gegenüber. Durch den in diesem Jahr beginnenden Siegeszug des Tonfilms kommt die Ufa allerdings bald wieder auf die Beine.

Kultur

100 Jahre Opernhaus in Hamburg: 1827 öffnete das Hamburger Stadt-Theater an der Dammtorstraße seine Pforten.

Wetter

Von Frühling keine Spur: Viel zu kalt ist es im Mai 1927. Die mittlere Lufttemperatur liegt mit 10,8 °C deutlich unter dem langjährigen Mittelwert (13,7 °C).

Rekorde in den 20er Jahren

Schwimmen: J. Weissmuller (USA) – 58,6 sec/ 100 m Freistil (1922)

10 000 m: P. Nurmi (FIN) – 30:06,1 min (1924)

1500 m: O. Peltzer (GER) – 3:51,0 min (1926)

Kugelstoßen: Emil Hirschfeld (GER) – 16,04 m (1928)

1928

Donnerstag 3. Mai

György Lukács, der Literaturwissenschaftler, der 1919 in der ungarischen Räterepublik Volkskommissar für Unterrichtswesen war, wird in Wien verhaftet. Er hatte sich freiwillig der Polizei gestellt. Lukács unterhielt Verbindungen zu dem gesuchten ungarischen Kommunisten Béla Kun.

Kultur

Das Drama »Siegfried« von Jean Giraudoux, in dem sich der Autor mit der Entwicklung im Nachkriegsdeutschland auseinandersetzt, wird in Paris uraufgeführt. Die Regie führt Louis Jouvet.

Gesellschaft

Von Wien aus startet ein Zug von etwa 200 Sektenmitgliedern, überwiegend Arbeitslose, zu einem Fußmarsch nach Äthiopien. Der Führer der Sekte, Peter Waller, will dort das »Reich Mora« gründen. Weit kommt er nicht: Anfang Juni darf der Zug wegen Paßproblemen nicht nach Italien hinein.

Wetter

Zu feucht und für die Jahreszeit zu kalt ist es im Mai 1928. Die mittlere Lufttemperatur liegt mit 11,0 °C deutlich unter dem langjährigen Mittel (13,7 °C).

1929

Freitag 3. Mai

Vergeblich bleibt der Aufruf der KPD an die Arbeiter, auf die gewaltsame Auflösung der illegalen 1.-Mai-Demonstration in Berlin durch die preußische Polizei mit dem Generalstreik zu antworten. Aufgrund der Ereignisse vom 1. Mai in Berlin, bei denen es 31 Tote gab, verbietet die preußische Regierung auf Antrag von Innenminister Carl Severing (SPD) den kommunistisch orientierten Roten Frontkämpferbund (RFB), die Wehrorganisation der KPD. Der RFB wird bis zum Ende der Weimarer Republik illegal unterhalten.

Stars der 20er Jahre

Buster Keaton
Filmschauspieler
Johnny Weissmuller
Schwimmer
Rudolph Valentino
Filmschauspieler
Joséphine Baker
Tänzerin
Charles Lindbergh
Flieger

Durch ihre Schlichtheit beeindruckt die Inszenierung des Stücks »König Johann« durch den Intendanten des Berliner Staatstheaters, Leopold Jessner. Die Titelrolle in dem Shakespeare-Drama spielt Rudolf Forster.

Das Wetter im Mai 1929 ist etwas zu warm. Im Durchschnitt liegen die Temperaturen mit 14,4 °C merklich über dem langjährigen Mittel (13,7 °C).

Highlights des Jahrzehnts

1930

Mahatma Gandhi startet Salzmarsch
Marlene Dietrich avanciert im Film »Der Blaue Engel« zum Weltstar
Uruguay wird erster Fußballweltmeister
Max Schmeling durch Disqualifikationssieg Boxweltmeister im Schwergewicht

1931

Spanien wird Republik
Vorführung des Ganzmetallflugzeugs »Ju 52« (»Tante Ju«)
Empire State Building höchstes Gebäude der Welt
Mafia-Boß Al Capone hinter Gittern

1932

Staatsstreich in Preußen
Wahlsieg der NSDAP
Chaco-Krieg um Erdöl zwischen Bolivien und Paraguay
Proklamation des Staates Saudi-Arabien

1933

Adolf Hitler zum Reichskanzler ernannt
Reichstagsbrand in Berlin
Ermächtigungsgesetz in Kraft
Deutsche Studenten verbrennen »undeutsche« Literatur

1934

Nationalsozialistischer Volksgerichtshof gegründet
»Röhm-Putsch« niedergeschlagen
Mord an Bundeskanzler Dollfuß – Ende der 1. Republik Österreich
Maos Kommunisten in China auf dem »Langen Marsch«

1935

- Judenverfolgung mit sog. Nürnberger Gesetzen
- Italien marschiert in Äthiopien ein
- Porsche baut Prototyp für VW »Käfer«
- Deutsch-britisches Flottenabkommen

1936

- Beginn des Spanischen Bürgerkriegs
- Volksfrontregierung in Frankreich
- Ausstellung »Entartete Kunst«
- XI. Olympische Spiele in Berlin zur NS-Propaganda genutzt
- Margaret Mitchell veröffentlicht »Vom Winde verweht«
- Schauprozesse in der UdSSR

1937

- Krieg zwischen Japan und China
- Georg VI. in London gekrönt
- Zeppelin LZ »Hindenburg« explodiert in Lakehurst
- Niederländische Kronprinzessin Juliana heiratet Prinz Bernhard

1938

- »Anschluß« Österreichs ans Deutsche Reich
- Münchner Abkommen soll Hitler bezähmen
- Terror gegen Juden in der »Reichskristallnacht«
- Otto Hahn gelingt erste Atomspaltung

1939

- Deutsche Truppen marschieren in Prag ein
- Hitler-Stalin-Pakt
- Beginn des Zweiten Weltkrieges

Gewaltfreiheit als Prinzip: Mahatma Gandhi auf seinem »Salzmarsch« (1930)

1930

Samstag 3. Mai

 Kultur

Bei einem Wirbelsturm über dem zu Japan gehörenden südlichen Teil der Insel Sachalin und der Insel Hokkaido kommen Hunderte von Menschen ums Leben. Viele japanische Fischer waren auf See von dem Unwetter überrascht worden. Neben Stürmen wird Japan auch häufig von Erd- und Seebeben heimgesucht. Gefürchtet sind vor allem die sog. Tsunamis, Riesenwellen, die durch Erdbeben unter dem Meer ausgelöst werden. Sie türmen sich bis zu 35 m hoch auf und laufen mit einer Geschwindigkeit von 900 km/h auf die Küste zu.

Rekorde in den 30er Jahren

200 m: J. Carlton (AUS) – 20,6 sec (1932)
Weitsprung:
Jesse Owens (USA) – 8,13 m (1935)
Weitsprung:
Erika Junghans (GER) – 6,07 m (1939)
400 m: Rudolf Harbig (GER) – 46,0 sec (1939)

 Gesellschaft

Angesichts der Wirtschaftsflaute bleibt die Absatzlage der Steinkohle kritisch: Die arbeitstägliche Kohleförderung beträgt 357 133 t, die Zahl der Feierschichten 29 002.

 Wetter

Etwas zu feucht und ein wenig zu kühl ist das Wetter im Mai 1930. Die mittlere Lufttemperatur liegt mit 13,2 °C unter dem langjährigen Mittel (13,7 °C).

Sonntag 3. Mai

In der ersten Runde des Davispokals unterliegt das ohne den vom Deutschen Tennis-Bund gesperrten Spitzenspieler Daniel Prenn antretende deutsche Team gegen Südafrika in Düsseldorf 0:5. Prenn zählt neben Henner Henkel und Gottfried von Cramm zu den bekanntesten Spielern Anfang der 30er Jahre.

Vor 40 000 Zuschauern spielen die Fußballteams von Ungarn und Österreich in Wien 0:0. Von den nunmehr 67 Ländertreffen hat Ungarn 30 gewonnen, Österreich konnte 22 Begegnungen für sich entscheiden. Das Torverhältnis lautet 144:133 zugunsten Ungarns. Im folgenden Länderspiel, beim 5:0 gegen Schottland am 16. Mai 1931 auf der Hohen Warte in Wien, beginnt die Ära des österreichischen »Wunderteams«. Es bleibt in neun aufeinanderfolgenden Spiel mit einem Torverhältnis von 39:7 ungeschlagen.

Schon fast sommerlich warm ist das Wetter im Mai 1931. Mit 16,8 °C liegen die durchschnittlichen Temperaturen deutlich über dem langjährigen Mittel (13,7 °C).

1932

Dienstag 3. Mai

 Gesellschaft

Der Oberste Gerichtshof der USA lehnt in der Berufung den Einspruch des Gangsterbosses Al Capone gegen dessen Verurteilung wegen Steuervergehen ab. Am 24. Oktober 1931 war der bekannteste Gangster der USA wegen der – angesichts seiner Sünden – beinahe läppischen Steuerhinterziehung in fünf Fällen zu elf Jahren Gefängnis und 50 000 US-Dollar Geldstrafe verurteilt worden.

 Gesellschaft

Die mexikanische Provinz Yukatan wird von einem Wirbelsturm heimgesucht; sechs Menschen kommen ums Leben.

 Sport

Auf der Berliner Avus gewinnt Rudolf Caracciola zum vierten Mal den Großen Preis von Deutschland, diesmal auf Alfa Romeo »Monza«. Caracciolas bisherige Stammarke Mercedes-Benz hatte sich 1931 vom Rennsport zurückgezogen.

 Wetter

In etwa normal ist das Wetter im Mai 1932. Die mittlere Lufttemperatur liegt mit 14,3 °C kaum über dem langjährigen Mittel (13,7 °C).

1933

Mittwoch 3. Mai

Die Deutschnationale Volkspartei, die Partei des Pressemagnaten Alfred Hugenberg, beschließt auf einer Vertretertagung in Berlin die Umbenennung in Deutschnationale Front. Sie beansprucht gegenüber der NSDAP volle Gleichberechtigung.

Im Zuge der »Gleichschaltung« unterstellt sich der Vorstand des Gesamtverbandes der Christlichen Gewerkschaften Deutschlands dem vom NS-Funktionär Robert Ley geführten »Aktionskomitee für den Schutz der deutschen Arbeit«.

Als neues Segelschulschiff der Reichsmarine läuft in Hamburg die »Gorch Fock« vom Stapel. Das Schiff fährt bis 1939 im Ausbildungsdienst und wird im Mai 1945 vor Stralsund versenkt. Die Sowjets heben das Schiff und stellen es 1951 als »Towarischtsch II« wieder in Dienst.

Trocken, aber etwas zu kühl ist der Mai 1933. Mit 13,2 °C liegen die Temperaturen deutlich unter dem langjährigen Jahresmittel (13,7 °C).

Donnerstag 3. Mai

Politik

Die deutsche Reichsregierung erläßt einen Aufruf an alle »Saarabstimmungsberechtigten«, die nicht mehr im Saargebiet leben, sich bis zum 12. Mai zu melden. Am 13. Januar 1935 entscheiden sich bei der Saarabstimmung 90,8% der Saarländer für den Anschluß an Deutschland.

Gesellschaft

In mehreren italienischen Städten werden Razzien in Geschäften und Gaststätten durchgeführt. Läden und Lokale, die die Preissenkungsvorschriften nicht befolgten, werden geschlossen.

Gesellschaft

Die NS-Gemeinschaft »Kraft durch Freude« (KdF) stellt die ersten Dampfer zur Verfügung, mit denen Mitglieder des Werks in die Ferien fahren werden. Über 100 000 Arbeiter sollen in den Genuß einer Seereise gelangen, um auf diese Weise für den Nationalsozialismus begeistert zu werden.

Wetter

Spürbar wärmer als das langjährige Jahresmittel (13,7 °C) ist das Wetter im Mai 1934. Die mittlere Lufttemperatur liegt bei 14,4 °C.

1935

Freitag 3. Mai

Politik

Reichswirtschaftsminister Hjalmar Schacht legt seine Denkschrift zur Rüstungsfinanzierung vor. Darin heißt es, daß die Durchführung des Rüstungsprogramms nach Tempo und Ausmaß die Aufgabe der deutschen Politik sei und alles andere diesem Zwecke untergeordnet werden müsse.

Gesellschaft

Unbekannte Täter schießen im Warschauer Vorort Grochow während des Unterrichts durch die Fenster einer jüdischen landwirtschaftlichen Schule. Eine Schülerin wird tödlich verletzt. Zur gleichen Zeit explodiert auf dem Schulhof eine Bombe, die großen Sachschaden anrichtet.

Kultur

Spannung versprechen zwei Bücher von Max Brand, die an diesem Tag im Knaur-Verlag erscheinen. Die Titel: »Brüder auf der Fährte« und »Abenteuer«.

Wetter

Das Wetter im Mai 1935 ist deutlich zu kalt. Die mittlere Lufttemperatur liegt mit 11,5 °C deutlich unter dem langjährigen Mittel (13,7 °C).

Figurbetonte Eleganz in den 30er Jahren: Kostüm aus Wollstoff mit Lederpaspeln

 Politik

Die Volksfront der französischen Linksparteien, geht mit 378 von insgesamt 614 Sitzen als Sieger aus den Wahlen zur Deputiertenkammer hervor. Die Regierung unter Führung des Sozialisten Léon Blum setzt in Frankreich 1936/37 u. a. die 40-Stunden-Woche, Kollektivverträge, bezahlten Jahresurlaub und globale Lohnerhöhungen durch.

 Politik

In Addis Abeba brechen nach der Flucht von Kaiser Haile Selassie I., der sich vor den italienischen Truppen von Dschibuti nach Palästina einschifft, Unruhen aus.

 Sport

In Bern unterliegt die Schweiz Spanien in einem Fußball-Länderspiel 0:2.

 Wetter

Trocken und etwas zu warm ist das Wetter im Mai 1936. Die mittlere Lufttemperatur liegt mit 14,1 °C über dem langjährigen Mittel (13,7 °C).

Montag 3. Mai

Technik

Das deutsche Luftschiff LZ 129 »Hindenburg« startet von Frankfurt am Main zu seiner ersten diesjährigen Transatlantik-Fahrt. Am 6. Mai explodiert das größte Luftschiff der Welt beim Landemanöver über Lakehurst (USA). Von den an Bord befindlichen 36 Fluggästen und 61 Mann Besatzung werden nur 62 Menschen gerettet.

Gesellschaft

In 549 Orten treten Abteilungen der Hitlerjugend (HJ) zur Grundsteinlegung von HJ-Heimen an.

Kultur

Die US-amerikanische Schriftstellerin Margaret Mitchell erhält für ihren Roman »Vom Winde verweht« den Pulitzer-Preis. Das Buch wird 1939 mit Clark Gable und Vivian Leigh in den Hauptrollen verfilmt.

Wetter

Das Wetter im Mai 1937 ist erheblich zu warm. Die mittlere Lufttemperatur liegt mit 16,8 °C deutlich über dem langjährigen Mittel (13,7 °C).

Der Herr liebt es eher klassisch: Sommersakko aus hellem Fischgrät

1938

Dienstag 3. Mai

 Politik

Der deutsche »Führer und Reichskanzler« Adolf Hitler reist zu seinem Verbündeten Benito Mussolini nach Rom. Er bedankt sich für das Stillhalten des faschistischen Italien beim Einmarsch deutscher Truppen in Österreich am 12./13. März 1938.

Preise in den 30er Jahren

1 kg Butter	2,96
1 kg Mehl	0,47
1 kg Fleisch	1,60
1 l Vollmilch	0,23
1 Ei	0,10
10 kg Kartoffeln	0,90
1 kg Kaffee	5,33
Stundenlohn	0,78

in RM, Stand 1934

 Politik

Der 78jährige Historiker Douglas Hyde wird erster gewählter Präsident der Republik Irland. 1937 machte eine republikanische Verfassung Irland zum souveränen, unabhängigen und demokratischen Freistaat Éire.

 Gesellschaft

Der britische König Georg VI. eröffnet die Empire Ausstellung in Glasgow. Dort präsentieren die früheren und gegenwärtigen britischen Kolonien ihre Kultur und ihre Wirtschaftskraft.

 Wetter

Die mittlere Lufttemperatur liegt im Mai 1938 mit 12,1 °C unter dem langjährigen Mittel (13,7 °C).

1939

Mittwoch 3. Mai

Politik

Wjatscheslaw M. Molotow ersetzt Maxim M. Litwinow als Volkskommissar des Äußeren. Dies leitet einen Kurswechsel in der Außenpolitik der UdSSR ein, der in den Abschluß des Nichtangriffspaktes mit Deutschland am 23. August einmündet.

Politik

Das britische Schlachtschiff »Prince of Wales« (35 000 t) läuft in Birkenhead bei Liverpool vom Stapel. Das Schiff wird am 10. Dezember 1941 östlich von Malaysia von der japanischen Luftwaffe versenkt.

Gesellschaft

Angesichts der krisenhaften Entwicklung in Europa ruft die britische Regierung die Farmer des Landes dazu auf, mehr Land zu beackern, um auf diese Weise mehr Nahrungsmittel zu produzieren.

**Stars der
30er Jahre**

Louis Armstrong
Trompeter
Marlene Dietrich
Filmschauspielerin
Greta Garbo
Filmschauspielerin
Fred Astaire
Tänzer/Schauspieler
Sonja Henie
Eiskunstläuferin

Wetter

Die Temperatur liegt im Mai 1939 mit 11,8 °C deutlich unter dem langjährigen Mittel (13,7 °C).

1940–1949

Highlights des Jahrzehnts

1940

Deutscher Luftkrieg gegen Großbritannien
Beginn der Westoffensive
Winston Churchill neuer britischer Premierminister

1941

Schottlandflug von Rudolf Heß
Deutscher Überfall auf die Sowjetunion
Japan greift Pearl Harbor an – Kriegseintritt der USA
»Citizen Kane« von Orson Welles in den Kinos

1942

Wannsee-Konferenz beschließt Judenvernichtung
6. Armee in Stalingrad eingeschlossen
Beginn alliierter Luftangriffe auf deutsche Städte
»Casablanca« mit Ingrid Bergman und Humphrey Bogart uraufgeführt

1943

Goebbels propagiert den »totalen Krieg«
Ende der Widerstandsgruppe »Weiße Rose«
Aufstand im Warschauer Ghetto scheitert

1944

Alliierte landen in der Normandie
Stauffenberg-Attentat auf Hitler scheitert
Charles de Gaulle wird Staatschef Frankreichs
US-Präsident Franklin D. Roosevelt zum dritten Mal wiedergewählt

1945

- KZ Auschwitz befreit
- Bedingungslose Kapitulation Deutschlands
- Vereinte Nationen gegründet
- Beginn der Potsdamer Konferenz
- US-Atombomben zerstören Hiroschima und Nagasaki

1946

- Gründung der SED
- Nürnberger NS-Prozesse
- US-Atombombentests im Südpazifik
- Hilfe durch Care-Pakete aus den USA
- Französischer Kolonialkrieg in Vietnam

1947

- Marshallplan-Hilfe für Europa
- Indien feiert Unabhängigkeit von Großbritannien
- GATT regelt den Welthandel
- Thor Heyerdahls »Kon-Tiki«-Expedition erfolgreich

1948

- Mahatma Gandhi ermordet
- Währungsreform in Ost und West
- UdSSR verhängt Berlin-Blockade
- Staatsgründung Israels
- Korea gespalten
- UNO-Menschenrechtsdeklaration

1949

- Gründung der NATO
- Grundgesetz für die Bundesrepublik Deutschland verkündet
- Konrad Adenauer erster Bundeskanzler
- Proklamation der Deutschen Demokratischen Republik
- Chinesische Revolution

7. Mai 1945: Ganz New York feiert das Kriegsende in Europa

1940

Freitag 3. Mai

 Politik

Die in Namsos und Andalsnes gelandeten britischen Soldaten, welche die gegen die deutschen Truppen kämpfenden norwegischen Verbände unterstützen sollten, müssen evakuiert werden. Der Plan, mit 13 000 britischen, französischen und polnischen Soldaten die Stadt Trondheim zu erobern, ist gescheitert.

 Politik

Zur Abwehr der Gefahren des Luftkriegs erläßt das Reichsluftfahrtministerium für das gesamte Deutsche Reich einheitliche Bestimmungen. Dazu zählt vor allem die generelle Verdunkelungspflicht zwischen Sonnenunter- und Sonnenaufgang.

 Sport

Weil ein technischer Defekt am Rad den Favoriten Gino Bartali 30 km vor dem Ziel zum Ausscheiden zwingt, gewinnt Aldo Cinelli die 32. Piemont-Radrundfahrt (269 km) mit Start und Ziel in Turin.

 Wetter

Etwas zu kühl ist das Wetter im Mai 1940. Die mittlere Lufttemperatur liegt mit 13,2 °C ein wenig unter dem langjährigen Mittel (13,7 °C).

Samstag 3. Mai

Politik

Die italienische Regierung veröffentlicht ein De-
kret, demzufolge Slowenien als neue Provinz Lai-
bach dem italienischen Staatsgebiet einverleibt
wird. Am 6. April 1941 begann der
Angriff der deutschen Truppen gegen das Königreich Jugoslawien, das
elf Tage später kapituliert. Am 10.
April hat sich Kroatien als unabhän-
giger Staat proklamiert. Tatsächlich
jedoch ist Kroatien ein Satellit der
Achsenmächte und unterstützt den
deutschen Balkankrieg.

**Rekorde in den
40er Jahren**

5000 m: G. Hägg (SWE)
– 13:58,2 min (1942)
Hochsprung: Fanny
Blankers-Koen (HOL)
– 1,71 m (1943)
Marathon: Suh Yun Bok
(KOR) – 2:25:39 h (1947)
Speerwerfen: Natalia
Smirnizkaja (URS)
– 53,41 m (1949)

Politik

**204 Flugzeuge der deutschen Luft-
waffe** werfen über der nordirischen
Stadt Belfast 237 t Sprengbomben
und 2667 Brandschüttkästen ab. Weil
die Kapaziät der Feuerwehren nicht
ausreicht, kommen Feuerwehrmänner aus der Republik Irland zu Hilfe.

Wetter

Extrem zu kalt ist das Wetter im Mai 1941. Die
mittlere Lufttemperatur liegt mit 10,7 °C deutlich
unter dem langjährigen Mittelwert (13,7 °C).

Sonntag 3. Mai

 Politik

Nach dem Tod des sozialdemokratischen dänischen Ministerpräsidenten Thorvald Stauning wird der Sozialdemokrat Vilhelm Buhl neuer Kabinettschef. Er behält das Finanzministerium bei. Dänemark ist seit 1940 von deutschen Truppen besetzt.

 Politik

Das Fürstentum Liechtenstein feiert den 600. Gründungstag von Vaduz und Schellenberg, aus denen das Fürstentum entstanden ist. Das Fürstentum Liechtenstein wurde 1719 reichsunmittelbar, erlangte seine Souveränität 1806, gehörte 1806–1814 zum Rheinbund, 1815–1866 zum Deutschen Bund und wurde danach selbständiger Staat.

 Sport

Nach einem 1:3-Rückstand zur Halbzeit gewinnt die deutsche Fußball-Nationalmannschaft in Budapest das Länderspiel gegen Ungarn noch mit 5:3. Zwei Tore erzielt Fritz Walter.

 Wetter

Das Wetter im Mai 1942 ist in etwa normal. Die mittlere Lufttemperatur liegt mit 13,3 °C kaum unter dem langjährigen Mittel (13,7 °C).

Montag 3. Mai

Politik

Die Alliierten besetzen die tunesische Stadt Mateur und erobern am 7. Mai auch Tunis und Bizerta. Die Reste des Deutschen Afrika-Korps kapitulieren am 13. Mai.

Politik

Bei den Parlamentswahlen auf den Färöerinseln, die zu Dänemark gehören, aber von Großbritannien besetzt sind, gewinnt die Partei, die die Unabhängigkeit von Dänemark anstrebt.

Politik

Das Fürstentum Liechtenstein, das sich seit 1919 wirtschaftlich eng an die Schweiz anlehnt, führt die Arbeitsdienstpflicht für alle Personen zwischen 16 und 60 Jahren ein.

Kultur

Die US-Amerikaner Upton Sinclair und Thornton Wilder werden mit Pulitzer-Preisen ausgezeichnet.

Wetter

Die Sonne scheint im Mai 1943 mit 320 Stunden deutlich länger als im Jahresmittel (239 Stunden).

1944

Mittwoch 3. Mai

 Politik

Das faschistische Spanien gibt angesichts der Rückschläge für die deutschen Truppen an allen Fronten seine bisherige freundschaftliche Haltung gegenüber dem Deutschen Reich auf. In einem Abkommen mit den USA und Großbritannien erklärt sich die spanische Regierung u. a. dazu bereit, die Wolframexporte in das Deutsche Reich einzustellen, sämtliche Truppen von der deutschen Ostfront (sog. Blaue Division) zurückzuziehen und das deutsche Generalkonsulat in Tanger (Marokko) zu schließen.

Stars der 40er Jahre

Humphrey Bogart
Filmschauspieler
John Wayne
Filmschauspieler
Katharine Hepburn
Filmschauspielerin
Hans Albers
Filmschauspieler
Joe Louis
Boxer

 Kultur

Hilde Krahl und Mathias Wiemann spielen die Hauptrollen in dem Musikfilm »Träumerei« um das Liebespaar Clara und Robert Schumann, der in Chemnitz uraufgeführt wird.

☀ *Wetter*

Das Wetter im Mai 1944 ist für die Jahreszeit zu kühl. Die Durchschnittstemperaturen liegen mit 12,7 °C deutlich unter dem langjährigen Mittelwert (13,7 °C).

Donnerstag 3. Mai

Politik

Alle schwimmenden Einheiten der deutschen Kriegsmarine erhalten den Befehl, sich im Fall der Kapitulation selbst zu versenken; dieser Befehl wird am folgenden Tag widerrufen.

Politik

Britische Jagdflugzeuge versenken in der Neustädter Buch die deutschen Passagierschiffe »Cap Arcona« und »Thielbeck«, auf denen sich 7000 KZ-Häftlinge befinden; nur 200 überleben.

Politik

Britische Streitkräfte besetzen die birmanische Hauptstadt Rangun. Seit 1942 war Birma von den Japanern besetzt.

Politik

Einheiten der US-amerikanischen Marine landen auf der philippinischen Insel Mindanao. Dadurch werden die Japaner im Pazifik zurückgedrängt.

Wetter

Die mittlere Temperatur liegt im Mai 1945 mit 14,3 °C spürbar über dem Mittel (13,7 °C).

Freitag 3. Mai

 Politik

Ein internationaler Gerichtshof in Tokio nimmt den Prozeß gegen 26 japanische Kriegsverbrecher auf. Am 4. November 1948 werden sieben Hauptschuldige zum Tode verurteilt.

 Politik

Ihren Truppenabzug aus Syrien beenden Briten und Franzosen. Die den Syrern schon 1936 versprochene Selbständigkeit war zunächst nicht gewährt worden, 1941 besetzten britische Truppen und Einheiten des sog. Freien Frankreich das Land. Syrien erhielt nominell die Unabhängigkeit, die 1944 förmlich bestätigt wurde.

Preise in den 40er Jahren

1 kg Butter	3,50
1 kg Mehl	0,45
1 kg Fleisch	1,60
1 l Vollmilch	0,26
1 Ei	0,12
10 kg Kartoffeln	1,00
1 kg Zucker	0,76
Stundenlohn	0,81
in RM, Stand 1943	

 Gesellschaft

Als erste Eisenbahnbrücke über den Rhein wird die Kölner Südbrücke wieder in Betrieb genommen.

 Wetter

Spürbar frühlingshaft ist das Wetter im Mai 1946. Die mittlere Lufttemperatur liegt mit 15,8 °C deutlich über dem langjährigen Mittel (13,7 °C).

1947

Samstag 3. Mai

Die französische Militärregierung in Deutschland beschließt, alle seit dem 1. Januar 1919 geborenen Deutschen in bezug auf ihre politische Vergangenheit zu amnestieren. Davon ausgeschlossen sind ehemalige Mitglieder der SS, der Gestapo, des Sicherheitsdienstes und Kriegsverbrecher.

Politik

24 Direktoren des Industriekonzerns I. G.-Farben stehen vor dem US-amerikanischen Militärgericht in Nürnberg. Sie werden beschuldigt, sich an der Vorbereitung eines Angriffskrieges beteiligt und im Zweiten Weltkrieg Sklavenarbeiter beschäftigt zu haben. 13 Direktoren des Konzerns werden mit bis zu acht Jahren Freiheitsentzug bestraft.

Politik

In Japan tritt die am 3. November 1946 proklamierte neue Verfassung in Kraft. Japan ist fortan eine Demokratie nach angelsächsischem Muster.

Wetter

Wesentlich zu warm ist das Wetter im Mai 1947. Die mittlere Lufttemperatur liegt mit 16,5 °C erheblich über dem langjährigen Mittel (13,7 °C).

1948

Montag 3. Mai

 Politik

Während des Bürgerkriegs in Griechenland läßt die Regierung 213 Kommunisten und Partisanen hinrichten. Seit Anfang 1945 tobt ein Bürgerkrieg zwischen den vom Ostblock unterstützten Partisanen und der prowestlichen Regierung.

 Kultur

Der US-amerikanische Dramatiker Tennessee Williams erhält für sein Theaterstück »Endstation Sehnsucht« den Pulitzer-Preis. Das Erfolgsstück wird 1951 von Regisseur Elia Kazan mit Vivien Leigh und Marlon Brando verfilmt.

 Gesellschaft

Ein heftiger Wirbelsturm verursacht in Austin im US-Bundesstaat Texas den Einsturz einer Schule. Dabei kommen 15 Kinder ums Leben.

Das Extravagante an diesem Sommerkleid – der mit Tapeziernägeln besetzte Gürtel

 Wetter

Leichte Kleidung empfiehlt sich im Mai 1948. Die mittlere Lufttemperatur liegt mit 15,0 °C deutlich über dem langjährigen Mittel (13,7 °C).

1949

Dienstag 3. Mai

Politik

Die ägyptische Abgeordnetenkammer billigt den Beschluß der Regierung, den Ausnahmezustand um ein weiteres Jahr zu verlängern. Seit Kriegsende wird Ägypten von Unruhen erschüttert. 1949 wird der Geheimbund der sog. Freien Offiziere aktiv, der König Faruk am 23. Juli 1952 zur Abdankung zwingt und Ägypten zur Republik proklamiert.

Kultur

Hardy Krüger spielt seine erste Filmrolle in der Verwechslungskomödie »Diese Nacht vergeß´ ich nie«, die in Hamburg Premiere hat.

Das Modemagazin »Esquire« stellt diese Abendmode für den Herrn vor

Gesellschaft

20-DM-Banknoten der blauen Ausgabe mit einem Frauenkopf im Medaillon auf der Vorderseite verlieren ihre Gültigkeit in den Westzonen.

Wetter

Der Jahreszeit angemessen ist das Wetter im Mai 1949. Die mittlere Lufttemperatur liegt mit 14,4 °C kaum über dem langjährigen Mittel (13,7 °C).

Highlights des Jahrzehnts

1950

- Ausbruch des Koreakrieges
- Abschaffung der Lebensmittelmarken in Deutschland

1951

- Debatte um die Wiederaufrüstung Deutschlands
- Skandal um Hildegard Knef als »Sünderin«
- Erster Schritt zur europäischen Einigung: Montanunion perfekt
- Der persische Schah Mohammed Reza Pahlewi heiratet Soraya

1952

- Helgoland wieder unter deutscher Verwaltung
- Staatsstreich in Ägypten
- DDR riegelt Grenze ab
- Dwight D. Eisenhower wird zum 34. US-Präsidenten gewählt
- USA zünden Wasserstoffbombe
- In Deutschland bricht das Fernsehzeitalter an

1953

- Tod des sowjetischen Diktators Josef Stalin
- Volksaufstand in der DDR
- Elisabeth II. zur Königin von Großbritannien und Nordirland gekrönt
- Mount Everest: Höchster Berg der Welt bezwungen

1954

- Französische Niederlage in Vietnam
- Deutschland wird in Bern Fußballweltmeister
- Beginn des Algerienkrieges
- Mit »That's alright Mama« beginnt der Aufstieg von Elvis Presley

1955

- Die Bundesrepublik wird ein souveräner Staat
- Gründung des Warschauer Paktes
- Tragischer Tod von James Dean
- Erste »documenta«

1956

- Traumhochzeit von Grace Kelly und Rainier III. von Monaco
- Volksaufstand in Ungarn
- Suezkrise führt zu Nahostkrieg
- Musical »My Fair Lady« beginnt seinen Siegeszug um die Welt

1957

- Gründung der EWG
- »Sputnik-Schock« bildet Auftakt zu Wettlauf im All
- Heinz Rühmann als »Hauptmann von Köpenick« gefeiert
- Erste Massenimpfung gegen Kinderlähmung

1958

- De Gaulle und Adenauer begründen deutsch-französische Freundschaft
- Rock 'n' Roll-Fieber grassiert weltweit
- Pelé – Star der Fußballweltmeisterschaft in Schweden
- Atomium ist Wahrzeichen der Weltausstellung in Brüssel

1959

- Fidel Castro übernimmt die Macht in Kuba
- Hula-Hoop-Welle schwappt aus den USA nach Europa
- Premiere des Marilyn-Monroe-Films »Manche mögen's heiß«
- Erste Bilder von der Rückseite des Mondes

Rock around the clock: Bill Haley (vorn) »erfindet« den Rock 'n' Roll

Mittwoch 3. Mai

 Politik

Zum Flüchtlingsproblem in der Bundesrepublik Deutschland gibt das US-Repräsentantenhaus eine Stellungnahme ab. Nach Vorstellungen der US-Amerikaner könnten 7 Mio. bis 8 Mio. Neubürger in die bundesdeutsche Gesellschaft integriert werden, die übrigen müßten auswandern.

 Politik

Das britische Unterhaus beschließt, daß die Insel Helgoland weiter als Bombenübungsziel der Royal Air Force genutzt werden soll. Erst am 29. Februar 1952 geben die Briten die rote Nordseeinsel wieder frei, die daraufhin der bundesdeutschen Verwaltung unterstellt wird.

 Gesellschaft

In Hannover wird die Deutsche Industriemesse eröffnet. Sie dauert bis zum 14. Mai. Die seit 1947 veranstaltete Industriemesse ist die wichtigste Leistungsschau der deutschen Volkswirtschaft.

 Wetter

Spürbar zu warm ist das Wetter im Mai 1950. Die mittlere Lufttemperatur liegt mit 15,4 °C deutlich über dem langjährigen Jahresmittel (13,7 °C).

1951

Donnerstag 3. Mai

Mohammad Resa Pahlawi, Schah von Persien, unterzeichnet das Gesetz zur Verstaatlichung der Erdölindustrie. Daraufhin verstaatlicht der antibritische Ministerpräsident Mohamed Mossadegh die Anglo-Iranian Oil Company.

Radio Belgrad beschuldigt Rumänien und Bulgarien, innerhalb der letzten 46 Stunden vier schwere Grenzzwischenfälle absichtlich herbeigeführt zu haben. Die Beziehungen zu den Nachbarstaaten sind aufgrund des von Josip Tito eingeschlagenen Autonomiekurses angespannt.

Stars der 50er Jahre

Marilyn Monroe
Filmschauspielerin
James Dean
Filmschauspieler
Elvis Presley
Sänger
Sophia Loren
Filmschauspielerin
Brigitte Bardot
Filmschauspielerin

In London wird das »Britain-Festival«, eine Leistungsschau von Wirtschaft und Kultur, eröffnet.

Für die Jahreszeit zu kalt ist das Wetter im Mai 1951. Die mittlere Temperatur liegt mit 12,4 °C unter dem langjährigen Mittel (13,7 °C).

1952

Samstag 3. Mai

 Gesellschaft

In seiner Rede anläßlich des »Deutschen Studententages« in Berlin (West) bezeichnet Bundespräsident Theodor Heuss das Studium als Privileg. An den bundesdeutschen Hochschulen sind im Sommersemester 1952 insgesamt 104 772 Studenten eingeschrieben, darunter sind nur 17% Frauen. Die Situation der deutschen Studenten wird vor allem durch soziale Nöte geprägt: Mehr als 75% der Hochschüler müssen mit weniger als 100 DM pro Monat auskommen. Seit April 1952 dürfen die Studentenverbindungen wieder Farben tragen, was ihnen 1945 von den Alliierten verboten worden war.

Rekorde in den 50er Jahren

Kugelstoßen: Jim Fuchs (USA) – 17,95 m (1950)
10 000 m: Emil Zátopek (TCH) – 28:54,6 min (1954)
800 m: R. Moens (BEL) – 1:45,7 min (1955)
Eisschnellauf: Eugen Grischin (URS) – 1000 m in 1:22,8 min (1955)

Gesellschaft

Die deutsche Presse weist darauf hin, daß der bisher übliche Fünf-Mark-Schein von einer Münze abgelöst wird. Die Ausgabe des Fünfers beginnt am 8. Mai.

 Wetter

Etwas zu kalt ist das Wetter im Mai 1952. Die durchschnittlichen Temperaturwerte liegen mit 12,8 °C spürbar unter dem langjährigen Mittel (13,7 °C).

1953

Sonntag 3. Mai

Das Programm der Deutschen Welle wird in Köln mit einer Ansprache von Bundespräsident Theodor Heuss eröffnet. Der Sender strahlt Radiosendungen für Deutsche im Ausland aus.

Kardinal Josef Frings, der Erzbischof von Köln, fordert in einem in allen Kirchen des Bistums verlesenen Hirtenbrief den Erhalt der katholischen Bekenntnisschulen.

Zu den vier Spielen zum Auftakt der Endrunde um die Deutsche Fußballmeisterschaft in Frankfurt am Main, Kaiserslautern, Dortmund und Berlin (West) kommen insgesamt etwa 250 000 Zuschauer in die Stadien. Der Deutsche Meister 1953 heißt 1. FC Kaiserslautern. Im Finale am 21. Juni wird der VfB Stuttgart 4:1 besiegt.

Zur Freude der Spaziergänger ist das Wetter im Mai 1953 deutlich zu warm. Die durchschnittlichen Temperaturen liegen mit 14,7 °C erheblich über dem langjährigen Mittel (13,7 °C).

Montag 3. Mai

 Kultur

Der amerikanische Flugpionier Charles A. Lindbergh erhält den Pulitzer-Preis für seinen Erlebnisbericht »The Spirit of St. Louis«, benannt nach dem Flugzeug, mit dem er 1927 als erster den Atlantik von den USA nach Frankreich überquerte.

 Gesellschaft

Die Gesellschaft britischer Briefmarkensammler zahlt dem bekannten französischen Briefmarkenfälscher Jean de Sperati umgerechnet 100 000 DM. Im Gegenzug erklärt sich Sperati bereit, in Zukunft keine Marken mehr zu imitieren und damit Unruhe in Sammlerkreise zu bringen.

 Sport

Der italienische Tennisverband sperrt die beiden Spieler Fausto Gardini und Giuseppe Merlo für die bevorstehende Daviscup-Begegnung mit Spanien. Die Spieler hatten für ihren Einsatz überhöhte Geldforderungen gestellt.

 Wetter

Das Wetter im Mai 1954 ist etwas zu warm. Die mittlere Lufttemperatur liegt mit 14,2 °C deutlich über dem langjährigen Mittel (13,7 °C).

1955

Politik

Im Westberliner Bezirk Zehlendorf demontieren US-Soldaten das sowjetische Siegesdenkmal – einen auf einem Betonsockel befestigten sowjetischen Panzer vom Typ T-34 – und bringen es in den sowjetischen Sektor. Der Panzer kommt jedoch noch einmal zu Ehren: Er wird wenig später von den Sowjets am Autobahnkontrollpunkt Dreilinden aufgestellt.

Gesellschaft

Die Deutsche Industriemesse endet in Hannover nach zehntägiger Dauer. Die Leistungsschau der deutschen Wirtschaft steht im Zeichen des Aufschwungs: Seit 1950 ist das westdeutsche Bruttosozialprodukt um 57% gestiegen.

Politik

Dem faschistischen Spanien sichern die USA Hilfe beim Aufbau einer Kriegsmarine zu. Spanien soll auch ausgediente US-Kriegsschiffe erhalten.

Wetter

Zu kalt ist das Wetter im Mai 1955. Die mittlere Lufttemperatur bleibt mit 11,2 °C unter dem langjährigen Mittelwert (13,7 °C).

1956

Donnerstag 3. Mai

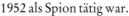
Politik

Die Klage des früheren Hamburger CDU-Bundestagsabgeordneten Karlfranz Schmidt-Wittmack gegen die Aberkennung seines Mandats weist das Bundesverfassungsgericht in Karlsruhe zurück. Schmidt-Wittmack hatte sich 1954 in die DDR abgesetzt, für die er seit 1952 als Spion tätig war.

Stets korrekt und im Zweifelsfall eher weit geschnitten: Herrenmode in den 50ern

Technik

Die Automobilfirma Daimler-Benz stellt in Untertürkheim drei neue Personenwagen vor. Die Modelle »190«, »219« und »220« werden für 9450 bis 12 500 DM angeboten.

Politik

In Marrakesch (Marokko) kommt es zu 35 Todesopfern, als ein Mob gegen Anhänger des verstorbenen profranzösischen Berberfürsten El Glaoui vorgeht.

Wetter

Der Jahreszeit angemessen ist das Wetter im Mai 1956. Die mittlere Lufttemperatur entspricht mit 13,6 °C fast dem langjährigen Mittel (13,7 °C).

78

1957

Freitag 3. Mai

Politik

Bei ihrem ersten Treffen in Bonn bekräftigen die 15 NATO-Außenminister zum Abschluß ihrer zweitägigen Sitzung, daß sie die Teilung Deutschlands nicht hinnehmen werden. US-Außenminister John Foster Dulles erklärt, daß die US-amerikanischen Truppen in Europa auf dem gegenwärtigen Stand beibehalten werden sollen.

Für eine gute Figur auf der Tanzfläche: Kleid aus Chiné-Taft

Gesellschaft

Mehr als vier Jahre nach dem eigentlichen Stichtag, dem 1. April 1953, kommt der deutsche Bundestag der im Grundgesetz enthaltenen Verpflichtung nach und billigt einstimmig ein Gesetz über die Gleichberechtigung von Mann und Frau. Es schreibt grundsätzlich die gleiche Verteilung von Rechten und Pflichten in der Ehe vor und räumt Männern nur noch bei Uneinigkeit in bezug auf die Kindererziehung einen »Stichentscheid« ein.

Wetter

Deutlich zu kühl ist das Wetter im Mai 1957: Die durchschnittlichen Temperaturen liegen mit 11,1 °C unter dem langjährigen Mittel (13,7 °C).

Samstag 3. Mai

 Gesellschaft

Der Diskjockey Alan Freed, einer der »Väter« des Rock'n'Roll in den USA, verursacht mit seiner Radioshow einen Teenagerkrawall in Boston (US-Bundesstaat Massachusetts).

 Sport

Seinen Titel verteidigt vor 10 000 Zuschauern in der Westfalenhalle in Dortmund Gustav (»Bubi«) Scholz, der Deutsche Mittelgewichtsmeister im Profiboxen, gegen Herausforderer Max Resch aus Stuttgart durch K. o. in der vierten Runde.

 Sport

Drei Monate nach der Flugzeugkatastrophe von München verliert die Mannschaft von Manchester United mit 0:2 das englische Fußball-Pokalfinale gegen die Bolton Wanderers. Am 6. Februar 1958 war ein Großteil der Mannschaft von Trainer Matt Busby bei einem Flugzeugabsturz in München ums Leben gekommen.

 Wetter

Etwas zu warm ist es im Mai 1958. Die durchschnittlichen Temperaturen liegen mit 14,5 °C spürbar über dem langjährigen Mittel (13,7 °C).

Sonntag 3. Mai

Technik

Bundeslandwirtschaftsminister Heinrich Lübke (CDU) eröffnet in Frankfurt am Main die 45. Wanderausstellung der Deutschen Landwirtschafts-Gesellschaft. Großes Interesse finden vor allem Firmen, die technische Ausrüstungen anbieten. Unter den über 1000 Ausstellern sind auch sieben Firmen aus der DDR. Die Motorisierung in der Landwirtschaft ist in Deutschland weit fortgeschritten, auf 14 Hektar Land kommt ein Schlepper, in Italien – dem Land mit dem niedrigsten Technisierungsgrad – beträgt das Verhältnis ein Schlepper auf 79 Hektar Land.

Preise in den 50er Jahren

1 kg Butter	6,75
1 kg Mehl	0,76
1 kg Fleisch	5,01
1 l Vollmilch	0,40
1 Ei	0,23
10 kg Kartoffeln	2,14
1 kg Kaffee	21,40
Stundenlohn	1,96
in DM, Stand 1955	

Kultur

Die an der Eurovision beteiligten europäischen Rundfunkanstalten beginnen einen regelmäßigen Nachrichtenaustausch.

Wetter

Etwas wärmer und sonniger als gewöhnlich ist das Wetter im Mai 1959. Die Sonne scheint mit 275 Stunden deutlich öfter als im langjährigen Mittel (239 Stunden).

1960–1969

Highlights des Jahrzehnts

1960

Gründung der EFTA
Frankreich wird 4. Atommacht
John F. Kennedy wird 35. Präsident der USA
Hochzeit des Jahres: Fabiola und König Baudouin von Belgien

1961

Erster Mensch im Weltraum: der Russe Juri Gagarin
Bau der Mauer in Berlin
Gründung von Amnesty International

1962

Flutkatastrophe an der Nordseeküste und in Hamburg
Kuba-Krise: USA erzwingen Abbau sowjetischer Raketenbasen
»Spiegel«-Affäre löst Regierungskrise aus
Start der erfolgreichsten Serie der Kinogeschichte: James Bond

1963

Deutsch-Französischer Freundschaftsvertrag
US-Präsident Kennedy wird in Dallas erschossen
Marika Kilius und Hans-Jürgen Bäumler werden Weltmeister im Eiskunstlaufen

1964

Die USA greifen in den Vietnamkrieg ein
Revolution in der Damenmode: der Minirock
Der 22jährige Cassius Clay wird jüngster Boxweltmeister
UdSSR: Breschnew neuer KP-Chef

- Erfolgreichste Pop-Gruppe der 60er: die Beatles
- Den Rolling Stones gelingt der internationale Durchbruch

1965

- Im Alter von 90 Jahren stirbt in London Winston Churchill
- Erste Fotos vom menschlichen Embryo im Mutterleib
- Ziehung der Lottozahlen erstmals im Fernsehen

1966

- Große Koalition aus CDU/CSU und SPD gebildet
- APO beginnt sich zu formieren

1967

- Sechs-Tage-Krieg in Nahost
- Erste Herztransplantation
- Bürgerkrieg in Biafra
- Kult-Musical »Hair« wird uraufgeführt

1968

- Ermordung des schwarzen Bürgerrechtlers Martin Luther King und des US-Präsidentschaftskandidaten Robert Kennedy
- »Prager Frühling« durch Einmarsch von Warschauer-Pakt-Truppen beendet
- Aufklärungswelle erreicht den Schulunterricht

1969

- Willy Brandt wird Kanzler einer sozialliberalen Koalition
- Der erste Mensch betritt den Mond
- »Sesamstraße« begeistert Millionen von Kindern
- Rockfestival in Woodstock

1969: Die ganze Welt wird vor dem Fernseher mondsüchtig

Politik

Wegen der gegen ihn erhobenen Vorwürfe, an Kriegsverbrechen im Zweiten Weltkrieg beteiligt gewesen zu sein, tritt Bundesvertriebenenminister Theodor Oberländer (CDU) zurück.

 Politik

In München übernimmt Hans-Jochen Vogel (SPD) von Thomas Wimmer (SPD) das Amt des Oberbürgermeisters. Er bleibt bis zum Olympiajahr 1972 Chef der Landeshauptstadt.

 *Gesellschaft*

In Amsterdam wird das Anne-Frank-Haus für die Öffentlichkeit zugänglich gemacht. Die deutsche Jüdin Anne Frank hielt sich nach dem Einmarsch der Deutschen in die Niederlande mit ihrer Familie in einem Hinterhaus versteckt, wo vom 14. Juni 1942 bis zum 1. August 1944 ihr Tagebuch entstand, das 1946 veröffentlicht wurde. Anne Frank starb im März 1945 im KZ Bergen-Belsen.

 Wetter

Überwiegend trocken ist das Wetter im Mai 1960. Die mittlere Lufttemperatur liegt mit 13,9 °C knapp über dem langjährigen Mittel (13,7 °C).

1961

Mittwoch 3. Mai

Zum zweiten Mal innerhalb von 48 Stunden demonstrieren in Teheran 2000 Studenten und Lehrer für eine höhere Besoldung. Am Tag zuvor war bei Auseinandersetzungen mit der Polizei ein Demonstrant erschossen worden.

Politik

Wegen Spionage für die Sowjetunion wird der britische Regierungsbeamte George Blake in London zu einer Freiheitsstrafe von 42 Jahren Gefängnis verurteilt. Blake war 1950 während des Koreakrieges von den Sowjetrussen gefangengenommen und in der Haft »umgedreht« worden.

Sport

Das Europacup-Halbfinalspiel Rapid Wien gegen Benfica Lissabon wird in der 89. Minute beim Stand von 1:1 wegen Raufereien am Spielfeld abgebrochen. Lissabon gewinnt am 31. Mai das Finale gegen den FC Barcelona mit 3:2.

Wetter

Regnerisch und spürbar zu kalt ist der Mai 1961. Die mittlere Lufttemperatur bleibt mit 11,2 °C weit unter dem langjährigen Mittelwert (13,7 °C).

1962

Donnerstag 3. Mai

 Politik

China und Pakistan vereinbaren die Aufnahme von Gesprächen über die Grenzen von Kaschmir. Indien, das die Herrschaft über ganz Kaschmir beansprucht, legt am 10. Mai dagegen Protest ein.

Preise in den 60er Jahren

1 kg Butter	7,58
1 kg Mehl	1,06
1 kg Fleisch	7,91
1 l Vollmilch	0,50
1 Ei	0,21
10 kg Kartoffeln	2,88
1 kg Kaffee	16,61
Stundenlohn	4,15

in DM, Stand 1964

 Politik

Die Bezeichnung Deutsche Demokratische Republik erklärt der UNO-Generalsekretär Sithu U Thant nach den für die Vereinten Nationen geltenden Instruktionen für unzulässig. U Thant besteht auf der Bezeichnung »Ostdeutschland«.

 Politik

SED-Spitzenfunktionäre verlangen in einer Sendung des sowjetischen Fernsehens das alleinige Recht der DDR zur Kontrolle der Zufahrtswege nach Berlin. Wegen der Vorbehaltsrechte der Alliierten bleibt die Forderung unerfüllt.

 Wetter

Die mittlere Temperatur liegt im Mai 1962 mit 10,8 °C unter dem langjährigen Mittel (13,7 °C).

1963

Freitag 3. Mai

Im ZDF beginnt die Ausstrahlung der Game-show »Und ihr Steckenpferd ?« mit dem populären Showmaster Peter Frankenfeld. Die Sendung bleibt bis 1974 im Programm. Zuvor moderierte Frankenfeld u.a. von 1958 bis 1961 »Toi, Toi, Toi«.

Mit ihrer Hit-Single »Surfin´ USA« löst die US-amerikanische Popgruppe »The Beach Boys« eine Surf-Welle aus. An den Stränden Kaliforniens drängeln sich die Boys und Girls mit ihren Surfbrettern.

In Großbritannien gibt der Rennfahrer Stirling Moss bekannt, daß er vom offiziellen Rennbetrieb zurücktritt. Moss fuhr 66 Grand Prix-Rennen und blieb 16mal siegreich. Zum Weltmeistertitel langte es allerdings nicht, von 1955 bis 1958 wurde er jeweils nur Zweiter in der Gesamtwertung. Grund für seinen Rücktritt ist ein Unfall von 1962.

Wetter

Das Wetter im Mai 1963 entspricht der Jahreszeit. Die mittlere Lufttemperatur liegt mit 13,9 °C nur wenig über dem langjährigen Mittel (13,7 °C).

1964

Sonntag 3. Mai

 Politik

Eine neue provisorische Verfassung wird in Bagdad verkündet. Demnach ist der Irak eine demokratisch-sozialistische Republik und das irakische Volk ein Teil der arabischen Nation. Einheitspartei ist die »Sozialistische Arabische Union«.

 Politik

Die sog. Kennedy-Runde, ein Liberalisierungsprogramm für den Welthandel, tagt in Genf. Das Ziel der 54 Teilnehmerländer, eine allgemeine Zollsenkung um 50% bei gewerblichen Gütern zu erreichen, wird jedoch verfehlt.

 *Gesellschaft*

Die erste direkte Flugverbindung zwischen der Bundesrepublik Deutschland und der Sowjetunion wird eingerichtet. Die »Pakistan International Airlines« fliegt künftig regelmäßig die Strecke Karatschi-Moskau-Frankfurt-London.

 Wetter

Etwas mehr Sonnenschein als gewöhnlich bringt das Wetter im Mai 1964. Die Sonnenscheindauer liegt mit 252 Stunden über dem langjährigen Jahresmittel (239 Stunden).

1965

Montag 3. Mai

Politik

In Niedersachsen zerbricht die Regierungskoalition aus SPD und FDP, weil die FDP die Ratifizierung eines Konkordats zwischen Niedersachsen und dem Vatikan ablehnt.

Politik

Das Eingreifen der US-Marineinfanterie am 28. April in der von Unruhen erschütterten Dominikanischen Republik rechtfertigt in einer Fernsehansprache US-Präsident Lyndon B. Johnson. Die sog. Johnson-Doktrin ersetzt die bisherige Politik der Nichteinmischung durch das Recht, der Gefahr der Errichtung eines weiteren kommunistischen Staates neben Kuba entgegenzutreten.

Gesellschaft

Konkurrenz für die »Tante-Emma-Läden«: Die Zahl der Selbstbedienungsläden in der Bundesrepublik ist nach einer amtlichen Zählung auf 53 125 – darunter 1000 Supermärkte – gestiegen.

Wetter

Das Wetter im Mai 1965 ist zu kühl. Die mittlere Lufttemperatur liegt mit 12,2 °C deutlich unter dem langjährigen Mittel (13,7 °C).

1966

 Politik

Zu schweren Auseinandersetzungen kommt es an der Universität Rom zwischen faschistischen und antifaschistischen Studenten. Etwa 50 Rechtsextremisten durchbrechen die Polizeisperren um die Hochschulgebäude und zetteln Schlägereien an.

 Gesellschaft

Die Londoner Tageszeitung »Times« bringt erstmals Nachrichten auf der ersten Seite. Seit der Gründung der Zeitung im Jahr 1785 waren dort bisher stets Kleinanzeigen erschienen.

»Mini« heißt das Schlagwort der 60er – hier in Form eines Strickkleides

 Gesellschaft

300 000 Menschen feiern in Polen das 1000jährige Jubiläum der Christianisierung des Landes. 966 hatte der damalige Polenfürst Mieszko I. sich taufen lassen und Missionare ins Land geholt.

 Wetter

Nur etwas zu warm ist das Wetter im Mai 1966. Die Durchschnittstemperaturen liegen mit 14,1 °C über dem langjährigen Mittel (13,7 °C).

1967

Politik

Bei den Präsidentschaftswahlen in Südkorea erhält der bisherige Präsident Park Chung Hee mit 51,4% der abgegebenen Stimmen die erforderliche Mehrheit. Park ist seit 1962 Staatschef von Südkorea. 1979 wird der zunehmend diktatorisch regierende Park vom Chef seines Geheimdienstes erschossen.

Gesellschaft

Unbekannte Täter erbeuten bei einem Überfall auf einen Geldtransport in der Londoner Innenstadt umgerechnet 8,4 Mio. DM. Mitten in der City werden die Wachen mit Gas betäubt und das Geld blitzschnell abtransportiert.

Kurzer Mantel mit Schlaghose: Auch in die Männermode kommt Bewegung

Sport

Die deutsche Fußball-Nationalelf verliert ein Qualifikationsspiel zur Fußball-Europameisterschaft gegen Jugoslawien in Belgrad 0:1.

Wetter

Die mittlere Temperatur liegt im Mai 1967 mit 14,3 °C über dem Mittel (13,7 °C).

1968

Freitag 3. Mai

 Politik

Nach blutigen Auseinandersetzungen zwischen demonstrierenden Studenten und der Polizei wird die Sorbonne, die Universität von Paris, erstmals in ihrer Geschichte geschlossen. Diese Maßnahme löst eine Straßenschlacht zwischen Studenten und Polizei im Pariser Quartier Latin aus. In den folgenden Tagen kommt es zu weiteren Auseinandersetzungen.

Rekorde in den 60er Jahren

Stabhochsprung: Brian Sternberg (USA)
– 5,00 m (1963)
Hochsprung: V. Brumel (URS) – 2,28 m (1963)
Weitsprung: Bob Beamon (USA)
– 8,90 m (1968)
100 m: Jim Hines (USA)
– 9,9 sec (1968)

 Kultur

Dem britischen Bildhauer Henry Moore wird der mit 100 000 Gulden (über 110 000 DM) dotierte »Erasmus-Preis« in Arnheim durch Prinz Bernhard überreicht.

 Gesellschaft

Ein »Marsch der armen Leute auf Washington« beginnt in mehreren Großstädten der USA.

 Wetter

Das Wetter im Mai 1968 ist erheblich zu kalt. Die mittlere Lufttemperatur liegt mit 11,6 °C deutlich unter dem langjährigen Mittel (13,7 °C).

92

1969

Samstag 3. Mai

Politik

An den Folgen einer Herzattacke stirbt in Neu-Delhi der 72jährige indische Staatspräsident Zakir Husain. Husain wurde 1967 als erster Muslim in das höchste Staatsamt seines Landes gewählt.

Kultur

Was Hector Berlioz zu Lebzeiten verwehrt blieb, gelingt nun – 100 Jahre nach seinem Tod – der Scottish Opera in Glasgow: Erstmals wird an einem Abend die Oper »Les Troyens« (»Die Trojaner«) ungekürzt an einem Abend aufgeführt.

Kultur

Die kanadische Polizei verhaftet in Toronto den englischen Rock-Musiker Jimi Hendrix wegen Drogenbesitzes. 16 Monate später erstickt Hendrix nach Einnahme von Schlaftabletten an seinem Erbrochenen.

Stars der 60er Jahre

Die Beatles
Popgruppe
Sean Connery
Filmschauspieler
Pelé
Fußballspieler
Jean Paul Belmondo
Filmschauspieler
Dustin Hoffman
Filmschauspieler

Wetter

Der Jahreszeit angemessen ist das Wetter im Mai 1969. Die mittlere Temperatur entspricht mit 13,7 °C dem langjährigen Mittel.

1970-1979

Highlights des Jahrzehnts

1970

Neue deutsche Ostpolitik: Moskauer und Warschauer Vertrag

Vietnamkrieg weitet sich auf Kambodscha aus

Einstellung des Contergan-Prozesses

1971

Einführung des Frauenwahlrechts in der Schweiz

Friedensnobelpreis für Willy Brandt

Hot pants – Modeschlager der Saison

Kinohit »Love Story« rührt Millionen Zuschauer zu Tränen

1972

Unterzeichnung des Rüstungskontrollabkommens SALT I

Verhaftung von Baader-Meinhof-Terroristen

Überfall palästinensischer Terroristen auf die israelische Mannschaft bei den Olympischen Spielen in München

Unterzeichnung des Grundvertrages zwischen Bundesrepublik und DDR

1973

Aufnahme beider deutscher Staaten in die UNO

USA ziehen ihre Truppen aus Vietnam zurück

Jom-Kippur-Krieg in Nahost

Ölkrise: Sonntagsfahrverbot auf bundesdeutschen Straßen

1974

Guillaume-Affäre stürzt Willy Brandt, neuer Bundeskanzler wird Helmut Schmidt

Watergate-Affäre zwingt US-Präsident Nixon zum Rücktritt

- Deutschland wird Fußballweltmeister
- »Nelkenrevolution« in Portugal

1975

- Beginn des Bürgerkriegs im Libanon
- Unterzeichnung der KSZE-Schlußakte in Helsinki
- Spanien: Tod Francos und demokratische Reformen unter König Juan Carlos I.
- Einweihung des 3 km langen Elbtunnels in Hamburg
- Volljährigkeit von 21 auf 18 Jahre herabgesetzt

1976

- Umweltkatastrophe in Seveso
- Anschnallpflicht für Autofahrer
- Traumhochzeit des Jahres: Karl XVI. Gustav von Schweden heiratet die Deutsche Silvia Sommerlath

1977

- Entführung und Ermordung des Arbeitgeberpräsidenten Hanns Martin Schleyer
- Emanzipationswelle: Frauenzeitschrift »Emma« erscheint

1978

- Friedensverhandlungen zwischen Israel und Ägypten in Camp David
- In England kommt das erste Retortenbaby zur Welt

1979

- Überfall der Sowjetunion auf Afghanistan
- Schiitenführer Khomeini proklamiert im Iran die Islamische Republik
- Sandinistische Revolution beendet Somoza-Diktatur in Nicaragua

Reiselustig: Mit Johannes Paul II. wird 1978 erstmals ein Pole Papst

Sonntag 3. Mai

🎾 *Sport*

Die »Fohlenelf« vom Bökelberg gewinnt mit einem Sieg im letzten Punktspiel in Oberhausen ihre erste Fußballmeisterschaft: Borussia Mönchengladbach, der Provinzverein vom Niederrhein, steigt nun endgültig zum Liebling der Fußball-Welt auf. Mit 51:17 Punkten wird das Rekordergebnis von München 1860 aus dem Jahr 1966 (50:18) noch übertroffen. Damit hat die Drohung von Trainer Hennes Weisweiler gefruchtet: »Wenn wir in diesem Jahr nicht Meister werden, gehe ich«, hatte Weisweiler vor Saisonbeginn erklärt. Bis 1977 kommen weitere vier Meistertitel hinzu.

Rekorde in den 70er Jahren

100 m: Marlies Göhr (GDR) – 10,88 sec (1977)
Hochsprung: Rosemarie Ackermann (GDR) – 2,00 m (1977)
Weitsprung: Vilma Bardauskiene (URS) – 7,09 m (1978)
800 m: S. Coe (GBR) – 1:42,4 min (1979)

🎾 *Sport*

In Basel endet ein Fußball-Länderspiel Schweiz gegen Frankreich 2:1. Für die Weltmeisterschaft in Mexiko 1970 haben sich beide Mannschaften nicht qualifiziert.

Wetter

Das Wetter im Mai 1970 ist deutlich zu kalt. Die Durchschnittstemperaturen liegen mit 12,6 °C weit unter dem langjährigen Mittelwert (13,7 °C).

1971

Montag 3. Mai

Politik

Der 77jährige **Walter Ulbricht** tritt als Erster Sekretär des Zentralkomitees der SED zurück. In die Amtszeit seines Nachfolgers Erich Honecker fällt die Normalisierung der Beziehungen zwischen beiden deutschen Staaten und die internationale Anerkennung der DDR, aber auch die politische Erstarrung und 1989 der Zusammenbruch der DDR.

Politik

Als erster der Schweizer Kantone, in denen noch die Landsgemeinde besteht, erlaubt der Kanton Glarus, daß Frauen fortan in Kantonsangelegenheiten mitbestimmen dürfen.

Gesellschaft

Zum zweitenmal im laufenden Jahr 1971 erhöhen die Mineralölgesellschaften in der Bundesrepublik ihre Benzinpreise um einen Pfennig je Liter. Normalbenzin kostet nun zwischen 58 und 64 Pf, der Preis für Super liegt 6 bis 7 Pf höher.

Wetter

Ausgesprochen frühlingshaft ist das Wetter im Mai 1971. Die mittlere Temperatur bleibt mit 15,4 °C über dem langjährigen Mittel (13,7 °C).

Mittwoch 3. Mai

Ausgestellte Hosen und viel Schmuck trägt die moderne Frau in den 70er Jahren

 Politik

Türkische Studenten entführen eine Maschine der Turkish Airlines mit 67 Menschen an Bord nach Sofia und verlangen die Freilassung von drei Mitgliedern der Untergrundorganisation »Türkische Volksbefreiungsarmee«, die wegen eines Umsturzversuches im Oktober 1971 zum Tode verurteilt worden waren. Die türkische Regierung weist die Forderungen zurück.

 Politik

Einen Tag nach dem Tod des FBI-Chefs J. Edgar Hoover nominiert US-Präsident Richard Nixon Patrick Gray zu dessen Nachfolger.

 Politik

150 000 Menschen werden aus der südvietnamesischen Stadt Hue evakuiert. Die Stadt wird von Soldaten aus Nordvietnam angegriffen.

 Wetter

Die mittlere Temperatur liegt im Mai 1972 mit 12,5 °C unter dem langjährigen Mittel (13,7 °C).

1973

Donnerstag 3. Mai

Politik

US-Präsident Richard M. Nixon erklärt öffentlich, daß der Sicherheitsvertrag zwischen den USA und Japan beide Länder dazu verpflichtet, sich um die Behebung von Wirtschaftskonflikten zu bemühen. Die US-Wirtschaft leidet unter den hohen Staatsschulden und einem hohen Zinsniveau.

Kultur

Proteste von französischen Kulturschaffenden begleiten die Ernennung des Schriftstellers Maurice Druon zum Kulturminister des Landes. Druon zählt mit seinen sechs Romanen über die französischen Könige (»Die unseligen Könige«) zu den meistgelesenen Autoren des Landes.

Gesellschaft

Großbritannien stellt bis 1975 auf numerische Maße und Gewichte um.

Wetter

Etwas zu kühl ist das Wetter im Mai 1973. Die mittlere Lufttemperatur liegt mit 13,2 °C deutlich unter dem langjährigen Mittel (13,7 °C).

Voll im Zeitgeschmack: Der Midimantel mit aufgesetzten Taschen für kalte Winter

1974

Freitag 3. Mai

Politik

Als vorletzter der 17 Staaten des Europarats tritt Frankreich der europäischen Konvention zum Schutz der Menschenrechte und Grundfreiheiten aus dem Jahr 1950 bei. Die Schweiz kündigt als letztes Land ihren baldigen Beitritt an.

Politik

In Schweden wird das Volljährigkeitsalter von 20 auf 18 Jahre herabgesetzt. Die Neuregelung gilt ab 1. Juli; das Wahlrecht für 18jährige tritt allerdings erst am 1. Januar 1975 in Kraft.

Gesellschaft

Einer Kuh »minderer Qualität« wird in einem in der Bundesrepublik Deutschland bisher einzigartigen Experiment eine befruchtete Eizelle einer »Hochleistungskuh« eingepflanzt. Die Tierzüchter hoffen, künftig auch tiefgefrorene Eizellen anstelle von Zuchtvieh ausführen zu können, was den Export erleichtern würde.

Wetter

Deutlich zu kalt ist das Wetter im Mai 1974. Die mittlere Lufttemperatur liegt mit 12,1 °C merklich unter dem langjährigen Mittel (13,7 °C).

1975

Samstag 3. Mai

Zwei Raketen auf das israelische Parlament, die Knesseth in Jerusalem, feuern palästinensische Guerillas ab. Bei dem Anschlag wird niemand verletzt, es entsteht nur geringer Sachschaden.

Kultur

Der italienische Beitrag »Taten und Untaten« erhält den Hauptpreis beim 15. Fernsehwettbewerb um die Goldene Rose von Montreux.

Kultur

Knapp zwei Jahre nach Sprengung des alten Gebäudes erhält das Basler Stadttheater ein neues Domizil. Das Haus hält 1307 Plätze bereit und ist mit modernster Bühnentechnik ausgestattet.

Sport

Der VfL Gummersbach wird zum sechsten Mal Deutscher Meister im Hallenhandball.

Wetter

Das Wetter im Mai 1975 ist etwas zu kühl. Die Durchschnittstemperaturen liegen mit 13,2 °C deutlich unter dem langjährigen Mittel (13,7 °C).

1976

Montag 3. Mai

 Politik

75 US-Bürger und Firmen können auf Geld hoffen, nachdem sich die USA und Ägypten auf eine Entschädigung derjenigen geeinigt haben, deren Besitz in Ägypten unter dem 1954 an die Macht gelangten früheren Staatspräsidenten Gamal Abd an Nasser enteignet worden war.

 Gesellschaft

Bei einer Operation, durch die er kastriert werden soll, stirbt im Landeskrankenhaus Eickelborn der wegen vierfachen Kindesmordes verurteilte Jürgen Bartsch. Er hatte selbst den Antrag auf Entmannung gestellt. 1971 war er zu zehnjähriger Jugendstrafe mit anschließender Anstaltseinweisung verurteilt worden.

 Kultur

Der Pulitzer-Preis, die bedeutendste Literaturauszeichnung der USA, geht im Jahr 1976 an Saul Bellow für » Humboldts Vermächtnis«.

 Wetter

Etwas kühl ist das Wetter im Mai 1976. Die durchschnittlichen Temperaturen liegen mit 13,4 °C ein wenig unter dem langjährigen Mittel (13,7 °C).

1977

Dienstag 3. Mai

Gesellschaft

Die Zeitungen von Los Angeles rufen ihre Leser zum Wassersparen auf. Der Bundesstaat Kalifornien ist von der längsten Dürreperiode seit Menschengedenken betroffen. Die Niederschlagsmenge betrug von Oktober 1976 bis Ende März 1977 lediglich ein Drittel des langjährigen Mittelwerts. In besonders stark betroffenen Landesteilen ist bereits das Trinkwasser rationiert worden. In Teilen von Nordkalifornien ist die Energieversorgung zusammengebrochen, weil einige Wasserkraftwerke lahmgelegt sind.

Preise in den 70er Jahren

1 kg Butter	8,36
1 kg Mehl	1,16
1 kg Fleisch	10,15
1 l Vollmilch	1,06
1 Ei	0,22
10 kg Kartoffeln	6,44
1 kg Zucker	1,65
Stundenlohn	10,40

in DM, Stand 1975

Politik

Nach einem Schußwechsel gelingt der Polizei bei Singen im Schwarzwald die Festnahme zweier mutmaßlicher Terroristen. Die Festgenommenen werden verdächtigt, an der Ermordung des Generalbundesanwalts Siegfried Buback und zweier Begleiter am 7. April beteiligt gewesen zu sein.

Wetter

Die mittlere Temperatur liegt im Mai 1977 mit 3,3 °C unter dem langjährigen Mittel (13,7 °C).

1978

Mittwoch 3. Mai

 Politik

Ein in Ostberlin unterzeichnetes deutsch-deutsches Abkommen über die Nutzung der Ecker-Talsperre sichert die Wasserversorgung mehrerer Städte in Norddeutschland vertraglich für 30 Jahre. Die DDR erhält für die Trinkwasserentnahme eine jährliche Pauschale in Höhe von 100 000 DM.

 Gesellschaft

100 Häuser werden in dem Ort Rainau am Lech durch einen zu tief fliegenden Düsenjäger abgedeckt.

Stars der 70er Jahre

Robert de Niro
Filmschauspieler

Jane Fonda
Filmschauspielerin

Woody Allen
Filmregisseur

Steven Spielberg
Filmregisseur

Muhammad Ali
Boxer

 Sport

Der belgische Fußballverein RSC Anderlecht gewinnt in Paris vor 48 976 Zuschauern mit einem 4:0 über Austria Wien den Europapokal der Pokalsieger. Im Vorjahr unterlag Anderlecht im Finale dem Hamburger SV 0:2.

 Wetter

Etwas zu kühl ist es im Mai 1978. Die durchschnittlichen Temperaturen liegen mit 13,5 °C ein wenig unter dem langjährigen Mittel (13,7 °C).

Donnerstag 3. Mai

Politik

Margaret Thatchers Konservative gewinnen bei den Unterhauswahlen in Großbritannien mit 43,9% der Stimmen und 339 Sitzen die absolute Mehrheit. Der bisherigen Labour-Regierung erteilen die Wähler wegen wirtschaftlicher Probleme und ihrem Unmut über die häufig streikenden Gewerkschaften eine Absage. Frau Thatcher bleibt bis 1990 im Amt. Auch ihr Nachfolger John Major gehört der Konservativen Partei an.

Gesellschaft

Zwischen Peking und Frankfurt am Main wird eine direkte Linienflugverbindung eröffnet.

Politik

Wegen des geplanten Baus einer Autobahn durch ein Naturschutzgebiet tritt der nordrhein-westfälische Landwirtschaftsminister Dieter Deneke (SPD) zurück.

Wetter

Der Jahreszeit entsprechend ist das Wetter im Mai 1979. Die durchschnittlichen Temperaturen weichen mit 13,9 °C nur wenig vom langjährigen Mittel (13,7 °C) ab.

Highlights des Jahrzehnts

1980

olfkrieg zwischen Iran und Irak
ründung einer neuen Bundespar-
ei: »Die Grünen«
ildung der polnischen Gewerk-
chaft »Solidarność«

1981

ttentate auf US-Präsident Ronald
eagan, den Papst und Ägyptens
taatschef Anwar As Sadat
rster Start der wiederverwendba-
en Raumfähre »Columbia«
den USA werden die ersten Fälle
on AIDS bekannt
ochzeit des Jahres: Der britische
hronfolger Charles, Prince of Wa-
s, heiratet Lady Diana

1982

rieg um die Falkland-Inseln
ozialliberale Koalition bricht aus-
nander; Helmut Kohl wird neuer
undeskanzler
elbstjustiz vor Gericht: der »Fall
achmeier«
. T. – der Außerirdische« wird zum
nohit

1983

S-Invasion auf Grenada
kandal um gefälschte Hitler-Tage-
ücher
erobic wird in der Bundesrepublik
pulär

1984

chard von Weizsäcker wird Bun-
»spräsident
mordung von Indiens Ministerprä-
entin Indira Gandhi, Nachfolger
rd ihr Sohn Rajiv Gandhi

1985

- Michail Gorbatschow wird neuer
  Kremlchef
- Sensation: Boris Becker siegt als er-
  ster Deutscher in Wimbledon
- »Live-Aid-Concert« für Afrika

1986

- Attentat auf Schwedens Minister-
  präsident Olof Palme
- Katastrophe im Kernkraftwerk
  Tschernobyl
- Explosion der US-Raumfähre »Chal-
  lenger«
- Premiere des Musicals »Cats« in
  Hamburg

1987

- Widerstand gegen Volkszählung
- Barschel-Affäre in Kiel
- Matthias Rust landet mit einem
  Sportflugzeug auf dem Roten Platz
  in Moskau

1988

- Atommüllskandal in Hessen
- Ende des Golfkriegs
- Geiseldrama von Gladbeck als
  Medienspektakel
- Dopingskandal überschattet Olym-
  pische Spiele in Seoul
- Reagan und Gorbatschow vereinba-
  ren Verschrottung atomarer Mittel-
  streckenraketen

1989

- Die DDR öffnet ihre Grenzen
- Blutbad auf dem Platz des Himmli-
  schen Friedens in Peking
- Demokratisierungskurs im gesamten
  Ostblock
- »Exxon Valdez«: Ölpest vor Alaska

eit 1983 ganz oben: Das »Material Girl« Madonna

1980

Samstag 3. Mai

 Politik

Eine »Republik Freies Wendland« errichten Kernkraftgegner auf dem besetzten Gelände der geplanten atomaren Wiederaufbereitungsanlage bei Gorleben im niedersächsischen Kreis Lüchow-Dannenberg. Die Polizei räumt das Hüttendorf am 4. Juni.

 Politik

Auffällig unauffällig:
So stellt sich die
lässige Frau der 80er
ihre Mode zusammen

Auf ein afghanisches Flüchtlingslager in Pakistan wird ein Bombenanschlag verübt. Neun Afghanen und zwei Pakistanis werden dabei getötet. Die Urheber des Attentats sind nicht bekannt.

 Sport

Als zweite Stute in der Geschichte des seit 1875 ausgetragenen Kentucky Derby gewinnt Genuine Risk, geritten von Jockey Jacinto Vasquez.

 Wetter

Zu kalt ist es im Mai 1980. Die mittlere Lufttemperatur bleibt mit 11,6 °C unter dem langjährigen Mittel (13,7 °C).

Sonntag 3. Mai

Sport

Die erst 16 Jahre alte Maxi Gnauck aus der DDR gewinnt bei den Turn-Europameisterschaften in Madrid vier der fünf möglichen Titel. Das Turn-Küken machte erstmals 1980 Furore, als sie bei den Olympischen Spielen in Moskau Silber im Einzel-Mehrkampf und im Bodenturnen gewann.

Sport

Im Finale um die WCT-Tennismeisterschaften in Dallas im US-Bundesstaat Texas schlägt der US-Amerikaner John McEnroe den Südafrikaner Johan Kriek 6:1, 6:2, 6:4. Es ist der zweite Sieg für McEnroe in diesem seit 1967 ausgetragenen Wettbewerb.

Sport

Der Brasilianer Nelson Piquet gewinnt den Großen Preis von San Marino in Imola auf seinem Brabham Ford.

Wetter

Die mittlere Temperatur liegt im Mai 1981 mit 15,0 °C über dem langjährigen Mittel (13,7 °C).

Leger und bequem: Herrenmode im Oversize-Stil mit Jackenmantel

1982

Montag 3. Mai

 Politik

Bei einem Flugzeugabsturz stirbt Algeriens Außenminister Mohammad Seddik Benyahia, der in Teheran einen Vermittlungsversuch im Golfkrieg unternehmen will. Der Iran beschuldigt den Irak, die Maschine abgeschossen zu haben.

 Politik

Die Bundesregierung stellt neue Richtlinien für Rüstungsexporte auf. Die Ausfuhr in Nicht-NATO-Staaten wird künftig nicht mehr aus Gründen der Beschäftigungspolitik gebilligt, sondern nur noch dann, wenn »außen- und sicherheitspolitische Interessen« dafür sprechen.

 Gesellschaft

Eine saudiarabische Firma erwirbt 28% des Grundkapitals der Mainzer IBH Holding AG, des größten europäischen Baumaschinenherstellers. Es ist das erste größere Engagement Saudi-Arabiens in der bundesdeutschen Wirtschaft.

 Wetter

Das Wetter im Mai 1982 ist normal. Die Durchschnittlichstemperaturen entsprechen mit 13,7 °C dem langjährigen Mittel.

1983

Dienstag 3. Mai

Politik

Der sowjetische Parteichef Juri W. Andropow erklärt sich erstmals bereit, bei der Reduzierung der Mittelstreckenwaffen in Europa die Zahl der atomaren Sprengköpfe zu berücksichtigen und nicht die Zahl der Raketen. Diese Erklärung macht einen Fortgang der Abrüstungsverhandlungen möglich.

Politik

Das Todesurteil gegen sieben Kurden verhängt ein Militärgericht in der südosttürkischen Stadt Diyarbakir. Über 40 weitere Angeklagte werden zu Gefängnisstrafen verurteilt. Sie sind Mitglieder der verbotenen Kurdischen Arbeiterpartei.

Politik

Ein Schlägertrupp überfällt in Warschau das Franziskanerinnenkloster St. Martin und entführt vier dort tätige Männer. In den Klostergebäuden ist das Komitee der Hilfe für politische Häftlinge untergebracht.

Wetter ☼

Etwas zu kalt ist das Wetter im Mai 1983. Die mittlere Lufttemperatur liegt mit 13,2 °C ein wenig unter dem langjährigen Mittel (13,7 °C).

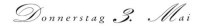

1984

Donnerstag 3. Mai

 Kultur

Der deutsche Schlagersänger Peter Maffay bekommt für die 500 000. verkaufte Platte seines Erfolgstitels »Carambolage« eine Platin-Schallplatte überreicht. Der am 30. August 1949 als Peter Makkey in Kronstadt (Rumänien) geborene Sänger und Komponist kam 1963 mit seinen Eltern nach Deutschland und wurde 1968 für die Schlagerszene entdeckt. Er feierte 1970 mit »Du« seinen ersten großen Hit. Maffays Konzerttourneen sind regelmäßig ausverkauft, 1982 trat er im Vorprogramm der Rolling Stones auf.

Stars der 80er Jahre

Richard Gere
Filmschauspieler
Madonna
Sängerin
Harrison Ford
Filmschauspieler
Jodie Foster
Filmschauspielerin
Michael Jackson
Sänger

 Politik

Das Rentenanpassungsgesetz billigt der Bundestag in dritter Lesung. Danach erhöhen sich die Renten ab 1. Juli um 3,4 Prozent, gleichzeitig steigen die Eigenbeiträge zur Krankenversicherung um zwei Prozent.

 Wetter

Etwas zu regnerisch und zu kühl ist das Wetter im Mai 1984. Die durchschnittlichen Temperaturen liegen mit 13,3°C spürbar unter dem langjährigen Mittel (13,7 °C).

1985

Freitag 3. Mai

Politik

Wegen Verstoßes gegen das Atomgesetz ordnet der hessische Innenminister Ulrich Steger (SPD) eine teilweise Stillegung der Hanauer Reaktor-Brennelemente-Union (RBU) an. Die Nuklearbetriebe arbeiten – weil 1975 das Atomrecht geändert wurde – ohne Genehmigung. Die verschärften Sicherheitsanforderungen sind nicht erfüllt.

Politik

Nach den von Krawallen begleiteten Feiern zum 1. Mai verweist die polnische Regierung zwei US-Diplomaten des Landes. Ihnen wird vorgeworfen, an den Protesten gegen die KP-Herrschaft beteiligt gewesen zu sein.

Sport

Durch ein 5:3 über Kanada sichert sich das Eishockeyteam der ČSSR in Prag zum achten Mal den Titel eines Weltmeisters. Der Abonnements-Titelträger UdSSR belegt diesmal nur Platz drei.

Wetter

Angenehm warm ist das Wetter im Mai 1985. Die mittlere Lufttemperatur liegt mit 15,4 °C merklich über dem langjährigen Mittel (13,7 °C).

1986

 Sport

Zum Nachfolger von Willi Weyer als Präsident des Deutschen Sportbundes (DSB) wird in Saarbrücken der Kieler Sportfunktionär Hans Hansen gewählt.

 Sport

Rekorde in den 80er Jahren

1500 m: S. Aouita (MAR) – 3:29,46 min (1985)
Stabhochsprung: Sergej Bubka (URS) – 6,00 m (1985)
100 m: Florence Griffith (USA) – 10,49 sec (1988)
Hochsprung: Javier Sotomayor (CUB) – 2,44 m (1989)

Nach der Deutschen Fußballmeisterschaft gewinnt der FC Bayern München auch das DFB-Pokalfinale mit einem 5:2 über den VfB Stuttgart. Vor 76 000 Zuschauern im Berliner Olympiastadion schießen Roland Wohlfahrth (3) und Michael Rummenigge (2) die Tore zum Sieg.

 Sport

Mit einem Favoritenerfolg endet das Kentucky-Derby in Louisville: Es siegt der Hengst Ferdinand mit Jockey Bill Shoemaker im Sattel.

 Wetter

Einen Vorgeschmack auf den Sommer gibt das Wetter im Mai 1986. Die durchschnittlichen Temperaturen liegen mit 15,6 °C deutlich über dem langjährigen Mittel (13,7 °C).

114

Sonntag 3. Mai

Politik

Die CDU Schleswig-Holsteins nominiert Regierungschef Uwe Barschel zum Spitzenkandidaten für die Landtagswahl am 13. September, bei der die SPD zwar stärkste Kraft wird, aber keine Regierung bilden kann.

Sport

Mit dem überraschenden Sieg von Schweden endet in Wien die 52. Eishockey-Weltmeisterschaft. Das Drei-Kronen-Team wird erstmals nach 25 Jahren wieder Weltmeister vor dem punktgleichen Rekordtitelträger Sowjetunion. Den dritten Platz erringt die ČSSR.

Sport

Der tschechoslowakische Weltranglistenerste Ivan Lendl besiegt im Finale der Internationalen Tennismeisterschaften von Deutschland seinen Landmann Miloslav Mecir klar in drei Sätzen. Mecir hat so gut wie keine Chance.

Wetter

Viel zu kalt ist der Mai 1987. Die mittlere Lufttemperatur liegt mit 10,9 °C erheblich unter dem langjährigen Mittel (13,7 °C).

Dienstag 3. Mai

Politik

Auf dem 7. Treffen der Außenminister der EG und des 1967 gegründeten südostasiatischen Staatenbundes ASEAN in Brüssel fordert der deutsche Außenminister Hans Dietrich Genscher die europäischen Unternehmer auf, in den wirtschaftlich aufblühenden Ländern Südostasiens verstärkt zu investieren. Die Europäische Gemeinschaft ist im Jahr 1988 der drittgrößte Handelspartner der ASEAN-Staaten.

Sport

Freudentag für Werder Bremen: Ein Treffer von Stürmer Karlheinz Riedle sorgt für den 1:0 Sieg der Grün-Weißen bei Eintracht Frankfurt. Damit sichert sich der SV Werder Bremen bereits drei Spieltage vor Beendigung der Fußball-Bundesligasaison 1987/88 die deutsche Meisterschaft. Es ist der erste Meistertitel für den langjährigen Trainer Otto Rehhagel und die zweite Meisterschaft für Werder Bremen nach 1965.

Wetter

Trocken und ungewöhnlich warm ist das Wetter im Mai 1988. Die durchschnittlichen Temperaturen liegen mit 16,1 °C deutlich über dem langjährigen Mittel (13,7 °C).

116

Mittwoch 3. Mai

Politik

Nach Meinungsverschiedenheiten im Kabinett über die Finanzierung des Umweltschutzes tritt der christdemokratische niederländische Regierungschef Ruud Lubbers zurück. Aus der Neuwahl geht Lubbers´ Partei erneut als stärkste Kraft hervor.

Kultur

Die australischen Pop-Veteranen »Bee Gees« beginnen in Dortmund ihre Europa-Tournee. Auch Pink Floyd, Ex-Beatle Paul McCartney sowie die Rolling Stones gehen 1989 wieder auf Tour.

Kultur

Die Frauenkultur in der Schweiz wird neu belebt: Das Frauentheater in der Bundeshauptstadt Bern stellt seine erste Produktion vor. Sie heißt »Bessere Zeiten«.

Wetter

Deutlich wärmer als gewöhnlich ist es im Mai 1989. Die Durchschnittstemperaturen liegen mit 15,3 °C über dem langjährigen Mittel (13,7 °C).

Preise in den 80er Jahren

1 kg Butter	9,44
1 kg Mehl	1,36
1 kg Fleisch	11,83
1 l Vollmilch	1,22
1 Ei	0,26
10 kg Kartoffeln	8,84
1 kg Zucker	1,94
Stundenlohn	17,23

in DM, Stand 1985

117

1990–1996

Highlights des Jahrzehnts

1990

Wiedervereinigung Deutschlands
Südafrika: Nelson Mandela nach
27jähriger Haft freigelassen
Irakische Truppen überfallen das
Emirat Kuwait
Gewerkschaftsführer Lech Walesa
neuer polnischer Präsident
Litauen erklärt Unabhängigkeit
Deutsche Fußballnationalelf zum
dritten Mal Weltmeister
Star-Tenöre Carreras, Domingo und
Pavarotti treten gemeinsam auf

1991

Alliierte befreien Kuwait und been-
den Golfkrieg
Auflösung des Warschauer Pakts
Bürgerkrieg in Jugoslawien
Auflösung der Sowjetunion – Grün-
dung der GUS
Sensationeller archäologischer Fund:
»Ötzi«
Vertrag von Maastricht
Sieben Oscars für Kevin Costners
»Der mit dem Wolf tanzt«
Bürgerkrieg in Somalia
Frieden im Libanon

1992

Abschaffung der Apartheid-Politik
in Südafrika
Entsendung von UNO-Blauhelmsol-
daten nach Jugoslawien
Tod des ehemaligen Bundeskanzlers
Willy Brandt
Bill Clinton zum 42. US-Präsidenten
gewählt
In Hamburg wird mit Maria Jepsen
zum ersten Mal eine Frau Bischöfin
Fertigstellung des Rhein-Main-Do-
nau-Kanals

1993

- Teilung der ČSFR in die Tschechische
  und die Slowakische Republik
- Rechtsradikale Gewaltakte gegen
  Ausländer
- Gaza-Jericho-Abkommen zwischen
  Israel und der PLO
- Skandal um HIV-Blutplasma
- Einführung von fünfstelligen Post-
  leitzahlen im Bundesgebiet
- Sexskandal um Pop-Star Michael
  Jackson

1994

- Nelson Mandela erster schwarzer
  Präsident Südafrikas
- Fertigstellung des Eurotunnels unter
  dem Ärmelkanal
- Über 900 Todesopfer beim Unter-
  gang der Fähre »Estonia«
- Abzug der letzten russischen Trup-
  pen aus Berlin
- Michael Schumacher erster deut-
  scher Formel-1-Weltmeister

1995

- Weltweite Proteste gegen französi-
  sche Atomversuche im Pazifik
- Giftgasanschlag in Tokio
- Einführung von Pflegeversicherung
  und Solidaritätszuschlag
- Verpackungskünstler Christo ver-
  hüllt den Berliner Reichstag
- Ermordung des israelischen Regie-
  rungschefs Yitzhak Rabin
- Friedensvertrag für Bosnien

1996

- Arafat gewinnt Wahlen in Palästina
- IRA kündigt Waffenstillstand auf
- 100 Jahre Olympia: Jubiläumsspiele
  der Superlative in Atlanta

Magic Johnson, Star des Basketball-»Dream Teams« aus den USA

Donnerstag 3. Mai

Krawatte ist kein Muß mehr: Anzug mit zweireihigem Sakko

 Politik

Felix Houphouët-Boigny, seit 1960 unbeschränkt herrschender Staatschef der Elfenbeinküste, sagt die Einführung eines Mehrparteiensystems zu. Bei den ersten freien Wahlen im November 1990 erringt die bisherige Einheitspartei einen überwältigenden Sieg. Der frankophile Politiker Houphouët-Boigny war auch von 1945 bis 1959 Mitglied der französischen Nationalversammlung.

 Politik

Argentinien liefert den früheren SS-Kommandeur Josef Schwammberger an die Bundesrepublik aus. Er soll an der Ermordung von mehreren tausend Menschen beteiligt gewesen sein.

 Politik

Bei den Gemeindewahlen in Großbritannien erleiden die regierenden Konservativen herbe Verluste.

 Wetter

Die mittlere Temperatur liegt im Mai 1990 mit 14,9 °C über dem langjährigen Mittel (13,7 °C).

120

Der Leichnam des 1975 im österreichischen Exil gestorbenen Kardinals und Primas der ungarischen Katholiken, Joszef Mindszenty, wird in seine Heimat überführt.

Politik

Polen gedenkt der ersten Verfassung Europas: Nach dreijähriger Arbeit billigte am 1791 der polnische Reichstag (Sejm) eine Verfassung für das Königreich Polen, mit dem das damals bestehende Wahlkönigtum in ein Erbkönigtum des Hauses Wettin (Sachsen) umgewandelt wurde: Noch im Mai 1791 marschierten jedoch die Russen in Polen ein.

Politik

In den meisten Provinzen Thailands wird das seit dem Militärputsch am 23. Februar verhängte Kriegsrecht aufgehoben.

Für die heißen Sommer der 90er Jahre: Kleid mit Bustieroberteil

Wetter

Die mittlere Temperatur liegt im Mai 1991 mit 10,8 °C deutlich unter dem Mittel (13,7 °C).

1992

Sonntag 3. Mai

 Politik

In Porto vereinbaren die Europäische Gemein-schaft (EG) und die Europäische Freihandelszone (EFTA) die Gründung eines Europäischen Wirtschaftsraumes zum 1. Januar 1994.

 Politik

Um die gegen ihn erhobenen Vorwürfe zu ent-kräften, stellt Brandenburgs Regierungschef Manfred Stolpe (SPD) acht kirchliche Mitwisser seiner Stasi-Kontakte vor. Stolpe war 1959–1990 im Dienst der Evangelischen Kirche Berlin-Brandenburg tätig.

Rekorde in den 90er Jahren

Weitsprung: Mike Powell (USA) – 8,95 m (1991)
110 m Hürden: Colin Jackson (USA) – 12,91 sec (1993)
Skifliegen: E. Bredesen (NOR) – 209 m (1994)
Dreisprung: J. Edwards (GBR) – 18,29 m (1995)

 Wetter

Das Wetter im Mai 1992 ist erheblich zu warm. Die mittlere Lufttemperatur liegt mit 15,6 °C deutlich über dem langjährigen Mittel (13,7 °C). Die Sonne scheint mit 312 Stunden fast ein Drittel länger als üblich. Der heiße Mai ist der Vorbote für einen Jahrhundertsommer: Die Durchschnittstemperaturen bleiben in Deutschland bis in den September hinein stets 1 bis 2 °C über den üblichen Werten.

1993

Montag 3. Mai

Politik

Björn Engholm erklärt in Bonn wegen einer Falschaussage im Kieler Barschel-Untersuchungsausschuß seinen Rücktritt als SPD-Vorsitzender und Ministerpräsident von Schleswig-Holstein. Das politische Aus für Engholm ist eine Spätfolge der sog. Barschel-Affäre von 1987. Engholm muß eingestehen, früher als ursprünglich zugegeben von den gegen ihn gerichteten Machenschaften erfahren zu haben. Zu seinem Nachfolger als SPD-Chef wird in einer Mitgliederbefragung Rudolf Scharping gekürt.

Preise in den 90er Jahren

1 kg Butter	8,20
1 kg Mehl	1,21
1 kg Fleisch	12,85
1 l Vollmilch	1,33
1 Ei	0,27
10 kg Kartoffeln	10,30
1 kg Zucker	1,92
Stundenlohn	24,91

in DM, Stand 1993

Gesellschaft

Wegen der sog. Schwammspinnerplage gehen Forstexperten in Süd- und Südwestdeutschland mit Insektiziden gegen die Raupen-Invasion vor. Ein Milliardenheer von Larven droht die Wälder kahlzufressen.

Wetter

Schon sommerlich ist das Wetter im Mai 1993. Die mittlere Lufttemperatur liegt mit 16,8 °C deutlich über dem langjährigen Mittel (13,7 °C).

Politik

Bei den Parlamentswahlen in den Niederlanden verliert die bisherige Regierungskoalition von Christdemokraten und sozialdemokratischer Partei der Arbeit die absolute Mehrheit.

 Politik

Die Weltbank legt einen auf fünf Jahre angelegten Aufbauplan für das künftige palästinensische Autonomiegebiet Gaza-Streifen und das Westjordanland vor. Geplant sind projektgebundene Hilfen mit einem Volumen von 2,4 Mrd. US-Dollar.

Stars der 90er Jahre

Kevin Costner
Filmschauspieler
Julia Roberts
Filmschauspielerin
Whitney Houston
Sängerin
Michael Schumacher
Rennfahrer
Luciano Pavarotti
Sänger

 Gesellschaft

In den USA wird bekannt, daß Wissenschaftler in den 50er Jahren dort im Regierungsauftrag radioaktive Versuche mit totgeborenen Kindern machten.

 Wetter

Etwas zu naß, aber ansonsten der Jahreszeit angemessen ist das Wetter im Mai 1994. Die mittlere Lufttemperatur liegt mit 13,8 °C nur geringfügig über dem langjährigen Mittel (13,7 °C).

1995

Mittwoch 3. Mai

Aus politischen und militärstrategischen Gründen rückt Bundesverteidigungsminister Volker Rühe (CDU) vom Bau eines rd. 600 Mio. DM teuren Mehrzweckschiffs (MZS) ab. Das MZS sollte eine Wasserverdrängung von 20 000 t haben und als Lazarettschiff und Truppentransporter dienen.

Bei der Explosion einer Paketbombe in der Verteileranlage des Postamtes 2 im Frankfurter Stadtteil Preungesheim wird eine 35jährige Postangestellte getötet. Der Adressat war ein Türke aus Rheinland-Pfalz.

Im Zuchthaus von Huntsville im US-Bundesstaat Alabama wird nach über 30 Jahren wieder das System der sog. chain gangs eingeführt. Dabei werden Gefangene paarweise bei der Arbeit aneinandergekettet.

Ein wenig zu kühl ist das Wetter im Mai 1995. Die mittlere Lufttemperatur liegt mit 13,3 °C spürbar unter dem langjährigen Mittelwert (13,7 °C).

Freitag 3. Mai

Samstag 3. Mai

Montag 3. Mai

»Sugar« Ray Robinson

*3.5.1920, Detroit

Der als Walker Smith geborene sechsmalige Weltmeister im Welter- und Mittelgewicht galt als einer der technisch elegantesten Boxer aller Zeiten. Als 20jähriger wurde er nach 85 Amateurkämpfen ohne Niederlage Profi und gewann bis zum Ende seiner Laufbahn im Jahr 1965 nicht weniger als 175 von 202 Profikämpfen, davon 109 durch K. o. Viermal holte er sich den Titel zurück. Die Zahl seiner Kämpfe wäre noch größer gewesen, hätte sich der am 12.4.1989 in New York verstorbene Robinson nicht 1952 für drei Jahre aus dem Ring zurückgezogen.

James Brown

*3.5.1928, bei Toccoa

Der »Godfather of Soul«, wie ihn seine Fans bezeichnen, war einer der ersten farbigen Musiker, der in den 50er Jahren große Erfolge feiern konnte. Mit »Please, please, please« gelang dem Sänger und Songwriter 1956 der erste Hit. Brown, dessen Geburtstag auch auf den 4.6.1929 datiert wird, wurde vor allem mit der unsterblichen Soulhymne »Sexmachine« (1970) international bekannt. Nachdem er mit »Living in America« (1985) nochmals einen Welthit landen konnte, wurde er 1988 wegen Körperverletzung zu sechs Jahren Gefängnis verurteilt.

Mittwoch 3. Mai

Steven Weinberg

*3.5.1933, New York

Den Nobelpreis für Physik erhielt Weinberg 1979 gemeinsam mit zwei anderen Wissenschaftlern für seine Arbeiten auf dem Gebiet der Elementarteilchenphysik. Sie erarbeiteten unabhängig voneinander ein mathematisches Modell, das zwei der vier Elementarkräfte vereinigt: Die schwache Wechselwirkung, die bei radioaktiven Zerfall auftritt, und die elektromagnetische Kraft, die sich in anziehenden oder abstoßenden Ladungen äußert. Als Professor lehrte Weinberg an den Hochschulen in Berkeley, in Harvard und in Austin.

Helmut Thoma

* 3.5.1939, Wien

Als Programmdirektor (seit 1984) und Geschäftsführer (seit 1991) machte der österreichische Medienmanager den privaten Fernsehsender RTL mit einem zu 80% aus Unterhaltung bestehendem Programm zur profitabelsten deutschen privaten Rundfunkanstalt. 1993 ging ein zweites RTL-Programm auf Sendung. Der Jurist begann seine berufliche Karriere als Anwalt in Wien (1962–1966), war von 1968 bis 1973 als Justitiar beim Österreichischen Rundfunk tätig und wechselte dann, zuerst im Hörfunkbereich, zur privaten Konkurrenz.

Sonntag 3. Mai

Vera Caslavská

* 3.5.1942, Prag

Die Tschechin war nicht nur eine der weltbesten Kunstturnerinnen, sondern 1968 auch eine Symbolfigur des Prager Frühlings. Nach der Wende 1989 wurde sie zur Präsidentin des Nationalen Olympischen Komitees (NOK) der ČSFR gewählt. In ihrer aktiven Laufbahn zwischen 1959 und 1968 turnte sie einen von sportlicher Auffassung geprägten Stil und siegte nicht weniger als 22mal bei Olympischen Spielen, Welt- und Europameisterschaften und holte allein sieben olympische Gold- und vier Silbermedaillen bei drei Olympischen Spielen.

Impressum

© Chronik Verlag
im Bertelsmann Lexikon Verlag GmbH, Gütersloh/München 1996

Autor: Ernst Christian Schütt, Hamburg
Redaktion: Simone Harland, Pegestorf
Bildredaktion: Sonja Rudowicz
Umschlaggestaltung
und Layout: Pro Design, München
Satz: JOSCH Werbeagentur, Essen
Druck: Brepols, Turnhout

Abbildungsnachweis: Bettmann/UPI, New York: 128, 132; dpa, Frankfurt am Main: 130; Public Address, Hamburg: 129; RTL Deutschland, Köln: 131.
Modefotos 1900–30er Jahre, Damenmode 40er Jahre, Damenmode 50er Jahre: Bertelsmann Lexikon Verlag, Gütersloh; Modefotos Herrenmode 40er Jahre, Herrenmode 50er Jahre, 60er–90er Jahre: Prof. Dr. Ingrid Loschek, Boxford.
Alle übrigen Abbildungen: Bettmann Archive/UPI/Reuters/John Springer Coll., New York.

Trotz größter Sorgfalt konnten die Urheber des Bildmaterials nicht in allen Fällen ermittelt werden. Wir bitten gegebenenfalls um Mitteilung.

ISBN 3-577-30503-7

Bücher
aus dem
Chronik Verlag
sind immer
ein persönliches
Geschenk

Chronik
Verlag

Individuelle Bücher – für jeden Tag des Jahres eines. Mit allen wichtigen Ereignissen, die sich genau an diesem besonderen Tag während der Jahre unseres Jahrhunderts zugetragen haben. Doch trotz all der großen Ereignisse des Weltgeschehens – es gibt immer auch persönlich wichtige Daten für jeden einzelnen Menschen, sei es ein Geburtstag, Hochzeitstag, Erinnerungstag oder der Tag, an dem eine entscheidende Prüfung bestanden wurde. So wird aus einem Tag im Spiegel des Jahrhunderts zugleich auch ein »persönlicher« Tag. Und endlich gibt es für all diese Anlässe das richtige Buch, das passende Geschenk!

Persönliches Horoskop

Was sagen die Sterne zu den jeweiligen Tagen? Außerdem erfahren Sie, welche bekannten Menschen unter dem gleichen Sternzeichen geboren wurden.

Ein ganz besonderer Tag

Hier erfahren Sie, was genau diesen Tag zu einem ganz besonderen Tag macht.

Die Ereignisse des Tages im Spiegel des Jahrhunderts

Von 1900 bis zur Gegenwart werden die Fakten des Weltgeschehens berichtet, pro Jahr auf einer Seite! Mit Beginn jedes Jahrzehnts wird die Dekade kurz in der Übersicht dargestellt. Aufgelockert sind die Fakten durch viele Abbildungen und Illustrationen.

Geburtstage berühmter Persönlichkeiten

Berühmte Personen, die an diesem besonderen Tag Geburtstag haben, finden sich mit ihrem Porträt und kurzer Biographie wieder.

Die persönliche Chronik

366 individuelle Bände
je 136 Seiten mit
zahlreichen Abbildungen
Gebunden

In allen Buchhandlungen

1900
1913
1914
1915
1916
1917
1918
1919
1920
1921
1922
1923
1924
1925
1926
1927
1928
1929
1930
1931
1932
1933
1934
1935
1936
1937
1938
1941
1942
1943
1944
1945
1946
1947
1948
1949
1950
1954
1957
1958
1959
1961
1939

Die »Chronik-Bibliothek« ist die umfassende Dokumentation unseres Jahrhunderts. Für jedes Jahr gibt es einen eigenen, umfangreichen und zahlreich – überwiegend farbig – bebilderten Band. Tag für Tag wird dabei das Weltgeschehen in Wort und Bild nachgezeichnet – jetzt lückenlos bis in die Gegenwart. Sie können das jeweilige Jahr in chronologischer Folge an sich vorüberziehen lassen, aber die »Chronik« auch als Nachschlagewerk oder als Lesebuch benutzen. Ein prachtvolles Geschenk - nicht nur für Jubilare. Und wer die »Chronik-Bibliothek« sammelt, erhält ein Dokumentationssystem, wie es in dieser Dichte und Genauigkeit sonst nicht zu haben ist.

»Chronik-Bibliothek« des 20. Jahrhunderts
Je Band 240 Seiten
600-800 überwiegend farbige Abbildungen
sowie zahlreiche Karten und Grafiken
12 Monatskalendarien mit mehr als
1000 Einträgen, circa 400 Einzelartikel,
20 thematische Übersichtsartikel
Anhang mit Statistiken, Nekrolog und Register
Ganzleinen mit Schutzumschlag

In allen Buchhandlungen

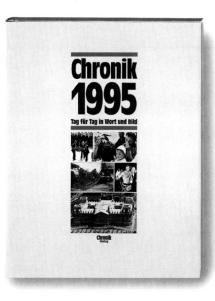